健心™ 簡易 中西食譜

王樹勳
Stephen Wong

甘瞻仕
James Kennedy

97 98 99 00 01 5 4 3 2 1

出版社：

道格拉斯及麥堅泰
Douglas & McIntyre
1615 Venables St.
Vancouver, British Columbia V3L 2H1

加拿大印刷資料庫概覽表

王樹勳 (Wong, Stephen), 1955
健心簡易中西食譜 (HeartSmart™ Chinese & Western Cooking)

中文版，主要譯自1996年出版的英文烹飪書HeartSmart™ Chinese Cooking

包含目錄
與加拿大心臟及中風基金會共同出版
國際書號: ISBN #1-55054-531-0

1. 中文食譜。 2. 低脂肪菜譜。 I. 甘瞻仕 (Kennedy, James), 1957
II. 加拿大心臟及中風基金會(Heart & Stroke Foundation of Canada) III. 書名。
IV. 書名：健心簡易中西食譜(HeartSmart™ Chinese & Western Cooking)。
TX724.5C5W6712 1997 641.5'638 C96-910901-6

翻譯：王淑均 (Grace Ling) - Fastset Typeset & Design
校對：Elizabeth Wilson, Ursula Fradera, 王樹勳 (Stephen Wong)
封面及內文設計：Design Geist, Fastset Typeset & Design
攝影：John Sherlock
攝影助理：Mark Gilbert
插圖：Rose Cowles
加拿大印刷及包裝：Friesens

目錄

誌謝

Acknowledgements

本書之出版，有賴下列人仕不吝貢獻其寶貴專業經驗、有見地的策劃及幽默風趣的精神支持，特此致謝。

加拿大心臟及中風基金會：執行總監Bill Tholl；健康推廣主任Doug MacQuarrie。

卑詩與育干地區心臟及中風基金會：執行總監 Richard Rees；市場及聯絡主任 Fiona Ahrens；註冊營養師 Ursula Fradera, M.Sc.；Leanne Johnson, B.A.；Brenda Hewer; 兒童牙齒專科伍宗信醫生 (George C. Ng, D.D.S.); 黃本烈西醫 (Boon Wong, M.D.)。

安省心臟及中風基金會：執行總監 Rick Gallop；註冊營養師 Carol Dombrow, B.Sc.;華人分會會長吳維新特許會計師 (Ernest W. Ng, C.A.)。

特別感謝：
本會藉此對王淑均及翻譯、設計、校對組一班人仕，致以謝意。更十分多謝甘瞻仕及其訓練班學廚，不斷努力創造健心美食新方。以及 Scott McIntyre 與出版社同人的熱心指導。

心臟及中風基金會 (The Heart & Stroke Foundation)

本人在此感謝林孝敏(Nancy Ling)對營養方面的知識指導及試測食譜時認真的精神。更多謝甘瞻仕(James Kennedy)與我分享他烹飪的技巧與經驗。以及Ursula Fradera 與 Fiona Ahrens 良多的寶貴提議。還有至感家人對我的愛護，信心及鼓勵。

王樹勳 (Stephen Wong)

本人感謝訓練班學生提供資料及熱衷參與，以及事業夥伴與同仁的幫助。還有 Isabeau Iqbal西菜的營養分析與指點，Ursula Fradera, Fiona Ahrens 和 Stephen Wong 給與的專業知識，都銘記在心。而最令我深切領略到的是家人鳳梨及君權的愛護及耐心，使我想起人生真正寶貴的就是這一切。

甘瞻仕 (James Kennedy)

林孝敏 (Nancy Ling) 註冊營養師，書寫暢談“健心飲食之道”。試測及分析本書中式菜營養含量。其日常工作包括提供營養教育以及對心臟患者營養康復指導。

序言
Preface

加拿大心臟及中風基金會是一個非牟利的機構。成立四十多年以來，用所籌得善款，提供於醫學研究及康健教育，幫助無數人改善身心的健康。有驕人的成就。本基金會最大的使命是在於減低心臟及中風引發的死亡率及傷殘率。

研究報告指出，只須依循適當的指引，選擇合乎衛生的生活習慣，對健康有好的影響。心臟及中風基金會的角色是盡可能將這些訊息傳到更多的角落去。

本人身為基金會的會長，很榮幸將這本健心簡易中西食譜獻給各讀者。在加拿大各地的華人分會曾反映出僑居加國的中國藉人仕對健康的關注。其中對飲食方面，非常關心如何就地取材，來維繫傳統的習俗，以及探求健康的低油鹽西式烹調食譜。有及於此，本基金會特別邀請王樹勳 (Stephen Wong)及甘瞻仕 (James Kennedy)兩位主廚，編寫一輯包羅萬象的美味食譜。更有註冊營養師林孝敏 (Nancy Ling)參與，每一食譜都經過審慎的試味，改良，營養分析，以及提供健康指南等。

我們期望讀者喜愛這些食譜。健心飲食始自家庭的中心地區 — 廚房。

Gary Sutherland

Gary Sutherland
加拿大心臟及中風基金會會長

卑詩省前省督的話
From former B.C. Lieutenant Governor

心臟及中風基金會成立四十多年來，一直致力於研究工作，為推廣健康人生，以造福人群而努力。成績斐然。無論是一般人尋求健康的身體，或心臟患者受到心臟病突發及中風之苦，均獲得裨益，進而改善生命的質素。

根據研究數字指出，加國人民只要較長時期將飲食不良習慣稍加調整，即可將心臟中風患率減低至半數之多。這是值得我們借鏡的。

在心臟及中風基金會籌備出版中文本健心簡易中西食譜之前，曾聆聽了多個在加拿大的華人團體對各類食譜的喜好及意見，而將最佳的中西式傳統烹飪集結成書。對新近選擇加拿大為家園的人仕，意義更為深長，不但可在加國繼續烹調中國健康美食，又可遍嚐加國飲食精華，加快融入加國社會的步伐。

作者王樹勳及甘瞻仕安排了一系列低油鹽食品，並經過電腦嚴謹分析營養成份，供讀者參考。

健心簡易中西食譜不但資訊獨特，做法簡易，又富樂趣。我相信每日依循健康烹飪方法定可達到營養均衡，健心之真意義。

祝大家“長壽”，並享健康人生！

林思齊博士

香港心臟專科學院院長的話

From Founding President of Hong Kong College of Cardiology

此書乃加拿大心臟及中風基金會出版。該會素來為推動心臟及血管健康，作出不少貢獻，近來更推出食譜，以助大眾保持飲食健康。本書乃該會第一本中菜健康食譜。

作者王樹勳乃資深廚師，他選集了許多不同的菜式以供讀者參考。雖然採用低脂、低鹽，卻絕不影響各菜的色香味，誠為難得之至。每頁菜譜中，更有熱量及各種營養素資料提供，使各讀者能有所衡量，其週詳之處，使人讚嘆！近年來華人罹患心臟病者日多，可能與飲食習慣有關，注意飲食自有預防心臟病之效。

我誠意向所有關注心臟健康的人仕推薦此書，並祝各位「吃得對、吃得好」，身體健康！

謝德富醫生

作者的話

Introduction

歡迎光臨健心新園地。

在這裡，讓我們一起共創加拿大多元文化的新里程，這本由英文中菜譜譯回中文，添上加國日常最受歡迎的西式佳餚，結集而成的健康菜譜，相信是市面上獨一無二的。對移居加國的中國僑胞，本書為他們解答了家人營養與食品的問題、有關本地有益食品材料的選擇、中菜及傳統的保留、以及西菜及加國文化的吸取等等，都有詳盡的說明。

本書編寫前，首先集合了傳統的烹調技巧，以簡易的層次，來設計健康美食。並奠立了健心食譜的宗旨，以鮮美上湯取代部份油的份量，以調味料減低鹽份，而菜式保持原味，不失其吸引力。

跟著，我們各自集結中西淵遠流長的佳餚，也有回憶起各自在香港、加國農莊童年時的家庭溫馨小菜，加上積兩人在飲食界經驗，融會了中西菜精華，作了很多創新菜式，非常可觀。除此，本書介紹的西洋聖誕假日菜譜，可照用中式烹調方法處理，十分得心應手。

我們衷心希望讀者在欣賞及參考之餘，嚐試及改良各菜式，成為一輯全家喜愛，認為是雅趣又養生的菜譜。

王樹勳 (Stephen Wong)

甘瞻仕 (James Kennedy), 1997

健心飲食之道

Heart Healthy Eating

健心食譜新園地內容豐富，參考及嚐試本書各款中西美食，對日常的營養均衡，定有補助。

傳統中式烹飪基本的用料含脂肪較少，但為使味道更為香濃，往往在準備過程中加入不少油鹽。本書特別針對這方面，將傳統的烹調配合最新的營養觀，帶給大家較新的訊息，以期遵行比較健康的飲食習慣。

西式烹調供給生活更多飲食姿采，又增進養份及維他命吸收，很為新一代人仕所接受。然而傳統的西式烹調材料，如乳類產品的芝士，奶油，沙律醬，扒類的油膏，醃肉，腸仔都隱藏頗高的油鹽含量。西式烹調方式例如油炸，以牛油或人造油類煎煮，以奶油醬料烤焗肉類及糕餅，對心臟及血管十分不利。本書在整理各款西菜都慎重處理這些問題，編排出一系列低脂肪，味道好又令人稱心的西式菜譜。

本書全部菜譜，都經過小心編寫，試味及經電腦計算其脂肪含量。減低脂肪量方法之一是選用低脂肪材料；例如第18頁的奶油醬，以酸乳酪取代酸奶油，以及第98頁的俄式香爆牛柳絲，以脫脂奶代替奶油。方法之二是減低傳統西菜的脂肪用量；例如第131頁，焗十二隻果糕，只用二湯匙植物油；以及第130頁，用二安士黑朱古力製朱古力布丁。至於烹煮方法則採用焗、烤、滾水浸熟或清蒸，都直接減少用油量；第81頁的美國南方炸雞，本書以焗爐代替油炸的傳統方法，效果非常好。

抗氧化劑：

研究報告顯示，當遊離血膽固醇與不穩定氧分子結合時，即會依附在動脈壁上。素菜中的抗氧化劑能中和氧分子，防止膽固醇作氧化反應，進而減低動脈阻塞症狀的發生。

多食蔬菜 – 七彩繽紛的選擇

Vegetables — A Rainbow of Variety

中國美食文化，配用琳瑯滿目的各類蔬菜。一般清炒，不但清脆可口、色澤碧綠，亦能保存菜類的維生素及鈣質。根據醫學研究，瓜菜中的維他命C、E及胡蘿蔔素含有抗氧化劑，具抵抗心臟病及癌症的功效 。本地的紅蘿蔔，番薯及黃蕪青含鈣及胡蘿蔔素甚豐。可嚐試第102頁的紅酒薯仔牛肉，及第112頁的豆腐素鍋。

飯麵穀類食品 *Fill Your Plate with Grains*

健心菜譜，不單只顧及低脂肪及低鹽份，亦注重豐富的素菜纖維及穀類醣份。飯與麵是中國人主要穀類食物。西式的穀類產品則有麥類，麥皮，意式粉麵等。都是低油高醣食品。第34頁的黑椒牛肉上海麵及第35頁的木須蝦菠菜意麵，第46頁的素菜意大利麵卷，都是低脂高醣類上佳食物。

提示：

將麵放入滾水略煮，以冷水沖透瀝乾，挑鬆後，不須撈油，亦不會黏結在一起。

肉類及豆腐 *Meats and Alternatives*

傳統的中菜，肉類多數是家庭小菜的陪襯品，十分符合健康原則。近年北美飲食新潮流已漸將牛扒，半邊雞餐，燒牛仔骨的大餐淘汰了。因為大份量的肉類含有過多的飽和脂肪，會產生高量的血膽固醇，是引致心臟病的起因之一。因而，什錦式的炆煮，煲仔及麵食比較上漸受歡迎。如果喜愛肉食，例如牛扒餐，我們建議將牛扒份量減少至一副撲克牌的大小。

豆腐是肉類最好的代用品，含有蛋白質、鈣質與其他營養料，由軟豆腐至豆干，讀者可細讀包裝以作擇選。西式肉類代換品有乾豆類，荷蘭豆，扁豆等，都含有高蛋白質，低脂肪及有益的食物纖維素。

多少脂肪謂之過量 *How Much Fat is Too Much?*

脂肪是健康飲食不可缺少的一部分，它提供人體的必需脂肪酸及可溶脂性維生素。但食用過量脂肪會引至心臟疾病、癌病或肥胖症。一般加拿大人脂肪食用量所產生的熱量，約佔每日總熱量的38%；按照加拿大營養建議表規勸，由脂肪食用量所產生的熱量應減至總熱量的30%，方合標準。(計算方法請參看左下欄表)。

本食譜的營養分析，以公制的克(g)作單位計算。每一克脂肪可產生9個卡路里熱量。請參考下列標準，因為每日所攝取的脂肪量所產生的熱量應不超過總熱量的 30%。

女仕 平均每日需要熱量 1800-2100 加路里.
脂肪：65克以下.

男仕 平均每日需要熱量 2300-3000 加路里.
脂肪：90克以下.

減低菜餚脂肪量的方法 *Fat Cutting Secrets*

以較少油量而烹煮出可口的菜餚，大廚王樹勳 (Stephen Wong)及甘瞻仕 (James Kennedy)，以下列方法創新，相當成功。

選用低脂肪材料 *Substitute high-fat ingredients with low-fat ones*

參考由第2頁至6頁的中西上湯，有雞、素、魚鮮湯，略加粟粉，煮成濃湯，代替油量，可煮出滋味很好的菜式，此外例如第67頁的咖喱椰奶焗雙龍蝦選用脫脂椰汁，第127頁的芒果布丁以2%淡奶代替10%忌廉。所省略的脂肪量相當可觀。

用易潔鑊 *Use a good non-stick pan or wok*

用易潔鑊或鐵鑊是減低用油量的一個方法，但要注意汁液濃度，以滾水調節，避免焦底。

利用焗爐蒸籠烹煮 *Use lower-fat cooking methods*

以西式焗爐及中式蒸籠可減低烹煮油量，第56頁焗紅魚柳及第36頁蒸雞餃都是很好的例子。

切除雞、肉類油脂 *Trim fat from meat and poultry*

本書盡量採用淨瘦肉柳及去皮雞胸肉。讀者可斟酌決定，將肉類多餘脂肪切除。或者雞鴨連皮烹煮，可保持多汁，然後去皮才進食。

添增香味 *Flavour with flair*

食油能增添菜式的原味及色澤。如要減低油量，加上薑、蒜、芫茜等香料及上湯調味，亦可達到同一目標。
此外將魚、雞、肉類預先醃調好，烹煮時，肉汁封留在肉內。鮮嫩可口。

低鹽的菜餚味道會好嗎？*Can Lower-salt Cooking Taste Good?*

很多食物本身已具備鹽份。按照標準，每人每日攝取1茶匙/2克鹽份已足人體需要。一般加拿大人平均食用4克以上。太多鹽份會使敏感性人體內留存多餘水份，增加心力將血液泵至全身。長此以往，會引致高血壓症狀出現。
本書部分食譜亦採用高鹽醬料，但用量卻有限制，約為普通用量四分之一。每個食譜在作者們精心設計下每份量（serving）含鹽量保持在0.9克以下。讀者可酌量以下列方法增加菜式味道。

加入上湯 *Use stocks for flavour*

本書由第二頁起介紹多款自製中西上湯，製法簡易，不含油鹽，待冷凍後，分入冰格，製成結凍湯粒，儲存於冰櫃，使用前解凍，十分方便。

加入香料 *Spice it up*

各類菜式裡酌量加以薑、蒜、香醋、五香粉、咖喱粉、或第9頁的鮮辣椒醬，口味調和及層次變化，可使味道倍增。

注意：

一茶匙脂肪不論是人造牛油，植物油，豬肉或牛油都含有五克脂肪量。由於每一克脂肪會轉變成九個熱量單位。一茶匙脂肪約等於四十五個卡路里。

本食譜以下列標準衡量每餐脂肪攝取量：

早餐及小食：
10-15克脂肪

午餐及下午茶：
25-35克脂肪

晚餐及宵夜：
25-40克脂肪

對膽固醇的關注 Cholesterol Concerns

膽固醇共有兩種，一種存在人體叫血膽固醇，另一種存在食物裡叫膳食膽固醇，血膽固醇由肝臟製造出白色臘狀物質，身體需賴以運作。但血液中一旦膽固醇含量過高，便會積聚在動脈壁上，阻礙血液循環。

血膽固醇又分為高密度(HDL)與低密度(LDL)兩種，高密度者對身體有益，會將血管內浮離多餘膽固醇集合起來帶回肝臟分泌出去。高密度膽固醇，是受運動、體重、吸煙及遺傳性而影響。

攝取食物肥膩部分會產生低密度膽固醇，並積聚動脈壁上，對身體有害。人體應含較少LDL(有害)而較多HDL(有益)膽固醇。

對膽固醇錯誤觀念 Cholesterol Misconception

膳食膽固醇只存在葷類食品裡，主要在蛋黃、蝦、肝類；次者是在乳類及肉類。很多人誤以為只有膳食膽固醇會影響人體血膽固醇度數，這是錯誤的觀念。

其實脂肪才直接影響血膽固醇的含量。如果擔心血膽固醇太高，要減少脂肪，特別是飽和脂肪的攝取。換句話說，要減油，才可減低人體血膽固醇量。食物中如蝦類含有高膽固醇，不宜每天進食，但每週進食幾次是沒有大問題的。

高膽固醇：

如經醫生診斷有血膽固醇問題，會被勸喻避免進食高膽固醇類食物。這類食物如對身體失調的血膽固醇病人有不良影響，或且覺得食後不適，理應加以節制。

脂肪面面觀 Fat Facts

飽和脂肪 Saturated fat

飽和脂肪有提高有害膽固醇含量的傾向。主要食品源自肉類、雞禽類、乳類、牛油、豬油及熱帶棕櫚油及椰子油。
中國傳統食制甚少用乳類產品烹煮。但有些大菜選用肥肉、大雞大鴨則要小心。我們將第72頁的潮州檸檬鴨絲湯及第94頁的蜜汁叉燒略加改良，去鴨皮及選較瘦淨的肉類烹煮。

單不飽和脂肪 Monounsaturated fat

這種脂肪類似乎能降低對人體有害的LDL膽固醇，又能增加對有益人體的HDL膽固醇數量。單不飽和脂肪，存在於橄欖油及菜種子油(Canola Oil)以及由上列兩種油造的人造牛油裡。此外亦存於杏仁、胡桃和腰果等堅果內。

本書的食譜大多用菜種子油(Canola Oil)烹煮。除了因其含有大量單不飽和脂肪外，更含有最少飽和脂肪，及少量有益魚油及抗氧化劑維他命E，價錢既相宜又是加拿大產品，值得推薦。

基於堅果含脂肪量較高，在有些食譜中，作者將堅果份量減半，但仍使大家可享受堅果的益處。

多不飽和脂肪 *Polyunsaturated fat*

多不飽和脂肪功能可降低血液裡有害的LDL膽固醇水平，這類脂肪更含有必需脂肪酸，多數存在於葵瓜子、粟米、大豆、芝麻等植物油或胡桃、栗子、松子、芝麻、葵瓜子裡。本書第60頁的松香帶子及第114頁的芝麻菠菜，就是以這類有益食品與其他材料再配搭而成。

魚油或 omega-3脂肪酸 *Fish oils or omega-3 fatty acid*

Omega-3脂肪酸只有在肥大的魚類才發現的多不飽和脂肪。譬如三文魚、麥克羅、秋魚及希靈魚等。這類魚油的功能可減稀血液的黏稠性及阻結性，對心臟幫助很大。嘗試各種魚類食譜可以減低心臟病患率。請參閱第50頁三文魚金菇卷，第51頁川椒三文魚及第61頁茶葉燻海鮮。

轉變脂肪 *Trans fat*

食品有自然轉變脂肪酸情形，也有經人工氫化作用，將液體植物油轉變為固態脂肪。雖然轉變脂肪是不飽和脂肪，但其具有與飽和脂肪相同的性能，會使血膽固醇增高。

轉變脂肪主要存在人造豬油及其產品如曲奇餅，咸餅干，油炸快餐，花生醬以及人造牛油等。

中式糕餅多加入豬油及人造豬油製造，本書用植物油製造多款甜品，效果一樣，但脂肪含量大減。希望讀者多注重飲食衛生，以及持之有恆的適度運動。祝大家健康！

林孝敏(Nancy Ling)，註冊營養師

適量乃中庸之道

雖然知道橄欖油與菜種子油屬於不飽和脂肪，又功能降低有害膽固醇的程度，但油量不能多食已是定律，因為進食的總油量對血膽固醇的高低影響最大。
寓意是： 膳食的油量要酌量減低。

營養分析：

本書各菜譜營養分析由註冊營養師林孝敏 (Nancy Ling) 及 Isabeau Iqbal採用1955 ESHA Research食品處理營養分析軟件，6.03版完成。電腦資料根據1991加拿大營養檔案編排而得。

所有分析以下列為準繩：
— 以公制量度。
— 如列有兩種材料供選擇，只分析列在前面的材料。

全部菜譜採用菜種子油(Canola oil) 及不含鹽份的自製上湯烹煮。

鹽、生抽在能接受的情況下，儘量少用。

材料方面，列為隨意或沒有指定份量，以及作為飾面的用料，都不包括在分析之內。

菜譜的營養資料：

食物在體內消化時所產生的熱量以卡路里 (calories)來量度。每克 (g) 脂肪約產生 9個卡路里；每克醣或蛋白質約產生 4個卡路里。脂肪乃人體之必需品，但欲達健心目標，必定要留意日常食用油量之別類及吸取量。分析表中飽和脂肪含量屬於脂肪含量的一部份。營養含量各有釐定，以克或毫克為單位。在分析表上，為便於審閱，均以整數為單位。凡大於零，又低於0.5者，稱為微量。

白飯或淨麵，用來與菜式同進食者，未計算入營養分析數字內。

分析各元素含量屬優或良是根據1988年食品製造及廣告指南所釐定指標。元素包括維他命類 (A, C, E, B-6, B-12, 硫胺素 thiamine，菸鹹酸 niacin，核黃素 riboflavin，葉酸folacin)及礦物質類(鈣，鐵，鋅)等。

如果菜譜分析出每份量元素達到每日建議吸取量(Recommended Daily Intake)之15%(維他命C:30%)，是屬於良好的營養來源。如果每份量元素達到每日建議吸取量之25%(維他命C: 50%)，是屬於優質的營養來源。

上湯 — 健心菜譜，烹飪之匙

Stocks — The Secret to HeartSmart Cooking

提示：

為方便起見，將上湯倒入冰格裡。以每格為一湯匙量計。上湯凝結後，移放入貼有標籤的冰箱保鮮袋中，到用時才取出，

健心菜譜，致力於提供低油鹽含量的烹飪方法，以助讀者謀求健康之道。本章介紹多款上湯，可增色香味，為本書各菜譜打下一個好的底子，有如音樂的低音，為樂章帶來拍子及韻味。

親手烹煮上湯，好處多。既可充分利用家中現有材料，又可選用較佳質素食品，最重要是可以完全控制油鹽的含量。

若想上湯不油膩，濾出湯渣，將上湯冷藏後，便能輕易地撇去表面凝結的浮油。

速成濃湯

Quick Thickened Stock

用以下幾頁介紹的上湯，加入栗粉煮成獻汁狀，取代油，炒麵，炒菜，恰到好處。濃上湯適宜即煮即用。下列材料可增多一倍。

1 1/4 杯	雞上湯或素上湯	300 毫升
1 茶匙	栗粉	5 毫升

1. 將上湯與栗粉調勻。
2. 倒入煲中，以中火加熱。不停攪拌，至沸滾，即成油亮而濃度一致的上湯。

約得一杯上湯

西式家鄉風味雞上湯

Country-style Poultry Stock

以下介紹的兩樣上湯，是我常在烹飪班指導學生，如何用簡易方法，製造美味食品。以及將上湯的材料稍作變動，可做出一系列不同的佳餚。

5 磅	雞骨塊，3吋/8厘米	2.5 公斤
24 杯	冷水	6 公升
1½ 杯	洋葱	375 毫升
⅔ 杯	西芹	150 毫升
1 片	香葉 (bay leaf)	1 片
¼ 扎	百里香 (thyme)	¼ 扎
1 茶匙	胡椒，磨碎	5 毫升
10 條	洋芫茜 (parsley stems)	10 條
2 粒	丁香 (whole clove)	2 粒
½ 杯	蘑菇丁	125 毫升

1. 將雞塊沖淨，瀝乾水份。
2. 放入煲內，清水蓋面，高火煮滾，撇浮泡，然後轉為文火。
3. 加入其他材料，文火煮8小時，其間不時撇清浮泡。
4. 以細網篩濾清湯水，冷卻後，放入雪櫃隔一夜，撇去浮油。

可得16杯/4公升上湯

提示：

上湯冷卻後，浮油轉硬，便很容易撇去。

深褐色雞上湯 Brown Poultry Stock

1. 將雞塊沖淨，放入華氏180度/攝氏350度焗爐內，焗三十分鐘至金黃色。
2. 取出焗爐前拌入2湯匙/25毫升蕃茄羔，其餘程序與雞上湯同。

可得16杯/4公升上湯

中式素上湯

Chinese Vegetable Stock

用素上湯取代雞上湯調燴各式菜譜，效果比較素淨。這裡沿用薑和黃豆芽、紅棗、冬菇丁等。若想湯味更香濃，可加入其他素菜，例如黃豆、花生、蓮藕、生麵筋等。是茹素者的理想營養來源。

本草綱目菜部記載李時珍曰：「五穀為養，五菜為充，所以輔佐穀氣疏通壅滯也。」以合韻素菜熬成上湯，不但味道鮮美，而且對健康有所裨益。

1 湯匙	植物油	15 毫升
3 片	薑片	3 片
2 磅	黃豆芽，洗淨，瀝乾	1 公斤
1/4 杯	廚酒	50 毫升
10 粒	紅棗	10 粒
2 條	中國芹菜	2 條
12 粒	冬菇丁	12 粒
1 大隻	紅蘿蔔	1 大隻
16 杯	清水	4 公升

1. 燒熱湯煲，落油，爆香薑片，約卅秒。放入黃豆芽炒一分鐘。
2. 贊酒，加入清水及其他材料，煮至沸滾後，改中火，約煲一小時。期間撇清浮泡多次。
3. 用細網篩或濕布放在濾器中隔出菜渣。素上湯可儲存於冰格或冰箱中，以備烹煮素食或素湯。

約得十五杯/3.75公升的中式素上湯

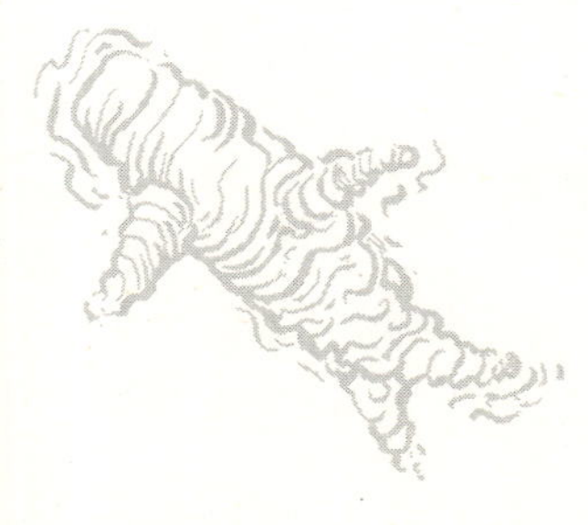

西式素上湯

Western Vegetable Stock

1 茶匙	植物油	5 毫升
2 杯	洋葱，切粒	500 毫升
2 茶匙	蒜茸	10 毫升
1 杯	西芹，切粒	250 毫升
1 杯	紅蘿蔔，切粒	250 毫升
1/2 杯	蘑菇丁	125 毫升
1 片	月季葉 (bay leaf)	1 片
10 條	西芫茜 (parsley)	10 條
1 片	丁香 (whole clove)	1 片
18 杯	冷水	4.5 公升

1. 燒熱煲加油，爆香洋葱、蒜頭，炒至金黃。
2. 加入其他全部材料入煲內。煮滾後，改為文火。
3. 慢煮約2小時，其中撇泡多次。以細網篩濾出湯渣，待冷。

約得16杯/4公升上湯

鮮味魚上湯

Fish Stock

當初學烹飪第一課就是要學到物盡其用。師傅見到徒弟們浪費就要皺眉不樂。這款上湯由菜根至魚骨都用得著，廚師們都樂得點頭微笑。

選用龍脷、斑類的魚骨煮上湯都非常鮮甜，
介貝海鮮類如龍蝦、蝦、蟹的殼類，烹煮上湯亦極鮮口。

1 杯	洋葱，切粒	250 毫升
1/2 杯	西芹，切粒	125 毫升
1/2 杯	紅蘿蔔，切粒	125 毫升
1/4 杯	蘑菇蒂	50 毫升
5 磅	魚骨	2.5 公斤
1 杯	白酒	250 毫升
1 片	月季葉 (bay leaf)	1 片
10 條	洋芫茜	10 條
2 片	丁香 (whole clove)	2 片
18 杯	冷水	4.5 公升

1. 厚底大煲內，放入洋葱、西芹、紅蘿蔔、蘑菇蒂、魚骨及白酒。
2. 以文火煮5分鐘。
3. 加入其他材料，猛火煮至沸滾。
4. 以文火煮1小時，其間撇去浮泡。
5. 用細網篩濾出湯渣，魚湯待冷。

可得16杯/4公升魚上湯

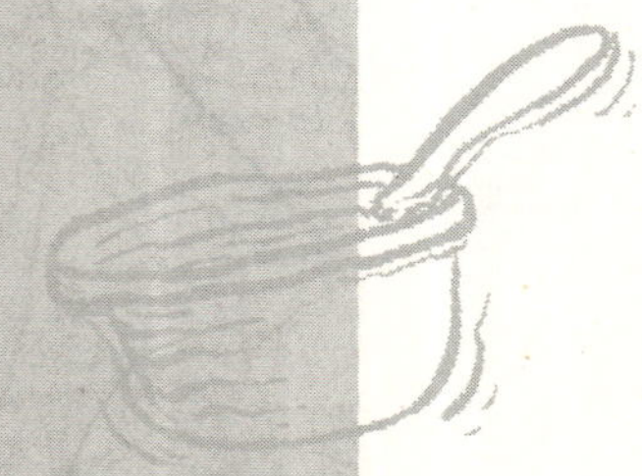

傳統西式濃汁

Old Fashioned Basic Brown Stock

這邊廂烹煮西式濃汁，那邊廂鄰里們已聞到香味，知道你精於烹飪。看見家人愉快地享用晚餐，多花一點時間也是值得的。

5磅	豬或牛骨塊，3吋/8厘米	2.5公斤
1 1/2 杯	洋葱，切粒	375毫升
2/3 杯	紅蘿蔔，切粒	150毫升
2/3 杯	西芹，切粒	150毫升
1 1/2 杯	蕃茄羔 (tomato paste)	375毫升
24杯	冷水	6公升
1茶匙	胡椒碎	5毫升
1/4 扎	百里香 (thyme)，切碎	1/4扎
1茶匙	蒜粒，切碎	5毫升

1. 預熱焗爐至華氏400度/攝氏200度。
2. 將豬骨或牛骨放入焗爐焗至深咖啡色（約1小時）
3. 將焗好的豬或牛骨自焗盤取出，放入冷水，煲滾。
4. 文火煲湯，撇清浮泡。
5. 同時，將洋葱、紅蘿蔔、西芹入焗盤焗至金黃。
6. 加入蕃茄羔焗多十五分鐘。
7. 將焗好蔬菜加入煲裡，加入胡椒、茴香、蒜茸調味。
8. 文火煲八至十小時，其間不時撇清湯面。
9. 以細網篩濾出濃湯，待冷卻後放入冰箱隔夜。用湯前，將湯面浮油撇去。

可得16杯/4公升濃湯汁

法文的上湯意為基礎，沒有好基礎不能建立好的建築物，換言之，要上好湯汁才有豐美的食品。

紅酒濃汁

Red Wine Brown Sauce

在任廚早期，有一個機會接管廚房的事務，廚房上湯和醬汁都以粉包沖製，不但含鹽量高，味道也不太鮮甜。自從以自製各類上湯烹煮食物，滋味及質素大大提高。顧客亦十分滿意。

	植物油噴劑	
2 杯	洋葱，切碎	500 毫升
2 杯	紅蘿蔔，切碎	500 毫升
2 杯	大蒜，切碎	500 毫升
2 杯	西芹，切碎	500 毫升
1/2 杯	蕃茄羔 (tomato paste)	125 毫升
4 杯	紅酒	1 公升
1 茶匙	蒜茸	5 毫升
2 片	香草葉 (bay leaves)	2 片
1/2 扎	新鮮茴香 (fresh thyme)	1/2 扎
32 杯	雞濃湯 (第3頁)或鮮味魚湯 (第6頁)	8 公升
1 1/4 杯	粟粉	300 毫升
1 1/2 杯	清水	375 毫升

1. 在厚底煲上輕輕噴上一層植物油，以猛火爆炒洋葱、紅蘿蔔、大蒜和西芹至金黃色。
2. 加入蕃茄羔煮五分鐘。
3. 贊紅酒，減低火力，將汁液煮乾一半份量。
4. 加蒜茸、香草葉、百里香及雞濃湯，文火煮三小時。
5. 在一小碗，調勻粟粉及清水，倒入煲內打獻，調拌好，多煮五分鐘。
6. 以細網篩濾出醬汁，待冷。

約得24杯/6公升濃汁

鮮辣椒醬

Fresh Chili Sauce

鮮辣椒醬在店鋪有售。如果買不到，自己親自下廚亦很簡易。味道辣中帶甜，可做蘸點醬料或調味料。

1 湯匙	植物油	15 毫升
6 隻	辣椒，除籽，切粒	6 隻
1/2 杯	紅葱頭，切碎	125 毫升
2 湯匙	黃糖	25 毫升
1/4 杯	紅醋	50 毫升

1. 將油加熱，放入辣椒，紅葱頭及黃糖，略爆炒五分鐘。
2. 贊紅醋，攪勻，繼續煮至一半容量為止。
3. 將辣醬倒入消毒過的玻璃瓶中，加蓋扭實，待冷，儲存在雪櫃，良久不壞。

約得半杯/125毫升辣醬

茶葉蛋及辣沙律醬

Tea Eggs and Chili Mayonnaise

(參看第38頁圖片)

花紋美觀的茶葉蛋，做起來卻很容易。蘸以辣沙律醬，添增新風味。請客時，配作第61頁燻海鮮的冷盤，一定能使賓客讚賞不已。如果買到鵪鶉蛋，不妨試做一些迷你茶葉蛋。

8 隻	雞蛋	8 隻
3 杯	清水	750 毫升
3 湯匙	茶葉	45 毫升
1 湯匙	老抽	15 毫升
1 湯匙	五香粉	15 毫升

1. 置一深煲，放入雞蛋，冷水蓋面，中火煲至水滾，熄火後，焗十分鐘。取出以冷水沖透。
2. 將掌心放於雞蛋輕輕壓下加以推滾，或以茶匙輕敲裂蛋殼。要小心蛋白部份不可破裂。不要除去蛋殼。
3. 加三杯/250毫升清水入煲內煮滾，加入其他材料 (如果不用辣沙律醬佐食，亦可加1茶匙/5毫升食鹽)。慢火，加蛋煮約30分鐘。
4. 蛋浸在煲內至少三十分鐘。或取出待冷。留在煲內，隔一晚，更加入味。
5. 除蛋殼，佐以辣沙律醬奉客。

辣沙律醬 Chili Mayonnaise

1/2 杯	去脂酸乳酪	125 毫升
2 湯匙	自製沙律醬 (第14頁)	25 毫升
1 茶匙	鮮辣椒醬 (第9頁)，或酌量	7 毫升
2 湯匙	韮菜，切碎	25 毫升
1/2 茶匙	鹽	2 毫升

將所有材料拌勻，即成辣沙律醬。在冷盤碟中，放一支萵苣尖，將一茶匙/5毫克辣沙律醬伴於其上，醬料上擺放四分之一個茶葉蛋，花紋向上。做餐前開胃小點。

每一份量供給:

	熱量	75
克	醣	2
克	蛋白質	6
克	脂肪	5
克	飽和脂肪	1
毫克	膽固醇	171
克	纖維	微量
毫克	鹽	285
毫克	鉀	89

良: 維他命 B-12

上款：*園蔬紅米炒飯，第31頁*>
下款：*星洲炒米，第32頁*>

香滑凱撒沙律醬

Creamy Caesar Dressing

這款沙律醬在飲食訓練班中得到眾人熱烈的反響。當我講到這個製法只含有普通市場產品十分之一脂肪量時，更給大家留下一個深刻印象。

1 杯	低脂肪 ricotta 乳酪	250 毫升
2 杯	低脂肪淨酸乳酪 (yogurt)	500 毫升
1/3 杯	白醋	75 毫升
1/4 杯	檸檬汁	50 毫升
4 條	西式鹹魚柳 (anchovy)，切碎	4 條
10 粒	蒜茸	10 粒
1 茶匙	芥末粉 (dry mustard)	5 毫升
1 湯匙	枸縷子 (capers)，切碎	15 毫升
1 湯匙	黑椒粉	15 毫升
1 湯匙	咭汁 (worcestershire sauce)	15 毫升

1. 將 ricotta 乳酪放入攪拌機攪至厚滑漿狀。
2. 加入酸乳酪，繼續攪拌。
3. 將其他材料拌入調勻。
4. 淋在生菜上即成。

可得三杯半/875毫升沙律醬

淋上沙律醬前，生菜要先洗淨，以冷開水沖過，瀝乾，及凍藏少許時間，這樣沙律醬才能拌上菜葉，爽口又好味。

每三分一杯／75毫升份量供給：

	熱量	87
克	醣	8
克	蛋白質	7
克	脂肪	3
克	飽和脂肪	2
毫克	膽固醇	13
克	纖維	微量
毫克	鹽	156
毫克	鉀	220

<色彩繽紛的蔬果素菜配料

自製美乃滋"Mayonnaise"沙律醬

Blender Mayonnaise

一般加拿大人認為美乃滋醬是飲食中不可或缺的佐料，但很多人不知市面出售的產品，每湯匙所含的脂肪量有十五克之高。這裡介紹的低脂肪製法，用來做海鮮沙律及薯仔沙律滋味十分好。沙律醬可儲存在雪櫃達一週之久。

1 杯	低脂肪 ricotta 乳酪	250 毫升
2¼ 杯	低脂肪酸乳酪 (yogurt)	550 毫升
1 湯匙	白醋	15 毫升
2 湯匙	檸檬汁	25 毫升
2 湯匙	喼汁 (worcestershire sauce)	25 毫升
1 湯匙	芥末粉 (dry mustard)	15 毫升
少許	紅椒粉 (cayenne)	少許
少許	鹽	少許

1. 將乳酪放入攪拌機，攪至厚滑漿狀。
2. 加入酸乳酸，繼續攪拌。
3. 將其他材料拌入，調勻即成。

可得三杯半/875毫升沙律醬

每2湯匙/25毫升份量供給:

	熱量	29
克	醣	2
克	蛋白質	2
克	脂肪	1
克	飽和脂肪	1
毫克	膽固醇	4
克	纖維	0
毫克	鹽	43
毫克	鉀	73

意大利果仁香醬

Nutty Pesto

Pesto醬有果仁香味，是意大利著名醬料。這裡減少橄欖油份量并以核桃代替松子。用1湯匙/15毫升量，無論做蘸汁，或加入湯類或麵食裡，都增色不少。醬料可存放在雪櫃達一週。

2 杯	新鮮香草葉 (basil)	500 毫升
1/3 杯	胡桃肉	150 毫升
1 湯匙	橄欖油	15 毫升
1/2 杯	“巴馬臣”parmesan 芝士粉	125 毫升
2 湯匙	蒜茸	25 毫升
1 茶匙	檸檬汁	5 毫升
1/2 茶匙	黑椒粉	2 毫升
1/2 杯	清水	125 毫升

將全部材料，放入食物攪拌機，打成幼滑漿狀醬料即成。

可得三杯/750毫升醬料

如以芫茜代替香草，做出來的中式果仁醬，中西合壁，味道好又創新。

每1湯匙/15毫升份量供給：

	熱量	19
克	醣	1
克	膽白質	1
克	脂肪	2
克	飽和脂肪	微量
毫克	膽固醇	1
克	纖維	微量
毫克	鹽	20
毫克	鉀	18

香濃蕃茄醬

Tangy Tomato Sauce

茄汁意粉是我們讀書時代主要食糧，加些肉類、海產、豆類，對在校園奮鬥的學生來說，已是豐富的營養食品了。這款蕃茄醬用攪拌機處理亦可。

如果要添增惹味，可以將蒜茸及黑椒份量加至2倍。

2 茶匙	橄欖油	10 毫升
1 杯	洋葱，切細粒	250 毫升
1/2 杯	紅蘿蔔，切細粒	125 毫升
1/2 杯	西芹，切細粒	125 毫升
1 湯匙	蒜茸	15 毫升
4 杯	新鮮蕃茄，切成半吋/1厘米方粒	1 公升
1/2 茶匙	鹽	2 毫升
1 茶匙	黑椒粉	5 毫升
1/4 杯	新鮮紫蘇 (basil)，切碎	50 毫升

1. 燒熱鑊，開高火，爆香洋葱、蒜茸。
2. 加入西芹、紅蘿蔔，爆炒至微黃
3. 加入蕃茄，文火煮45分鐘。
4. 以鹽、胡椒和紫蘇調味，煮多5分鐘即成。

可得三杯/750毫升醬料

每半杯/125毫升份量供給:

	熱量	86
克	醣	16
克	蛋白質	3
克	脂肪	3
克	飽和脂肪	微量
毫克	膽固醇	0
克	纖維	4
毫克	鹽	217
毫克	鉀	680

薑蒜蜜汁燒烤醬

Honey & Ginger BBQ Sauce

生活在寒冷的北國，人人都期望春天的來臨。暖和的日子使鄰里的人們都活耀起來。慶祝新到的季節，便是燒烤的好時光，加國的日子更容易過了！

	植物油噴劑	
1 1/2 杯	洋葱，切碎	375 毫升
1 湯匙	薑茸	15 毫升
1 湯匙	蒜茸	15 毫升
1/4 杯	些厘酒 (dry sherry)	50 毫升
4 杯	蕃茄，切碎	1 公升
1 杯	紅醋 (red wine vinegar)	250 毫升
1 杯	蜜糖	250 毫升
1 湯匙	檸檬汁	15 毫升
1 杯	茄汁	250 毫升
1 茶匙	黑椒碎	5 毫升
1 茶匙	芥粉 (dry mustard)	5 毫升
1 湯匙	他拉根香草粉 (tarragon)	15 毫升
1 杯	雞上湯 (第3頁)	250 毫升
1 湯匙	粟粉	15 毫升

1. 在鑊上噴上植物油，以猛火爆炒薑蒜茸、洋葱至微黃。
2. 贊酒煮約三十秒。
3. 加入蕃茄，煮至汁液收乾為止。
4. 加醋、蜜糖、檸檬汁、茄汁、黑椒、芥粉和他拉根香草粉，以文火約煮卅分鐘。
5. 在一小碗將粟粉加雞上湯，調勻輕注入煲內，約煮五分鐘到濃度一致，待冷即成。

可得四杯/1公升醬料

這款燒烤醬醃製各類食品或做燒烤汁料都好。無論肉類、雞禽類、海鮮類或豆腐類，都會增色不少。

每四分一杯/50毫升份量供給:

	熱量	112
克	醣	29
克	蛋白質	1
克	脂肪	微量
克	飽和脂肪	微量
毫克	膽固醇	0
克	纖維	1
毫克	鹽	192
毫克	鉀	260

脫脂奶油醬

One-step Cream Sauce

烹煮健心菜譜最大的難關是當我面對如何重新創造一種香味濃厚的奶油醬。這裡介紹的創作成果，為製造其他如蕃茄忌廉汁，奶油咖喱醬等，帶來很好的根基。

2 夸特	脫脂牛奶 (skim milk)	2 公升
1/2 杯	粟粉	125 毫升
1 1/2 杯	脫脂淡奶 (evaporated skim milk)	375 毫升
1/2 茶匙	白胡椒粉	2 毫升

1. 厚底煲內加脫脂牛奶，猛火煮滾。
2. 在一小碗將粟粉與脫脂淡奶攪勻。
3. 減低爐火，將粟粉奶液慢慢注入滾牛奶內。不時攪拌，約煮二分鐘，即成奶油醬。

可得十杯/2.5公升奶油醬

芝士醬 Cheese Sauce

2 杯	奶油醬（上半頁）	500 毫升
1/4 茶匙	辣椒汁 (tobasco sauce)	1 毫升
1/2 茶匙	芥末粉 (dry mustard)	2 毫升
1/4 茶匙	咭汁 (worcestershire sauce)	1 毫升
1 杯	低脂肪芝士粉	250 毫升
少許	白胡椒	少許

1. 依照上半頁程序，做出奶油醬。
2. 加入上列全部材料。
3. 不斷攪拌，直至芝士完全溶入，不須烹煮。

得三杯/750毫升芝士醬

採用低於4%脫脂芝士。低脂肪Velveeta或Cheddar芝士都很合適。

每一份量奶油醬供給:

	熱量	31
克	醣	5
克	蛋白質	2
克	脂肪	微量
克	飽和脂肪	微量
毫克	膽固醇	1
克	纖維	微量
毫克	鹽	37
毫克	鉀	115

茄子三文蕃茄湯

Tomato Eggplant Salmon Soup

這款令人稱心滿意的好湯，留至第二日仍受歡迎。配以蒸飽，做午餐正好。湯裡加上薯仔粒或米飯同煮可作為小食。材料方面換為煙三文魚配別種菜蔬，例如西洋菜或蘑蒿菜，有另一番風味。

6 杯	雞上湯 (第3頁)或中式素上湯 (第4頁)	1.5 公升
3 磅	蕃茄，去籽，切成1吋／2.5厘米方粒	1.5 公斤
2 個	中洋葱，切粒	2 個
5 片	薑片	5 片
1½ 磅	茄子，切成1吋／2.5厘米方粒	750 克
4 茶匙	魚露	20 扎
1 茶匙	白胡椒粉	5 毫升
1 隻	蛋白，打散	1 隻
¾ 磅	菠菜，摘短	375 克
¾ 磅	三文魚柳，切成1吋／2.5厘米方粒	375 克

1. 置一大煲，放入清水或上湯，蕃茄，洋葱，薑片。煲滾後，改用中火煮廿分鐘。
2. 放入茄子，蓋好，再煮廿分鐘。
3. 注入魚露及以白胡椒調味。順方向攪入蛋液，成蛋花狀。
4. 熄火。放入菠菜及三文魚，蓋好鑊蓋，焗五分鐘後，拌勻，即可進食。

可供八人食用

魚露

南洋式食制多喜採用滋味濃郁的魚露。
魚露含有豐富的維他命及蛋白質。比起生抽，味道較為淡口，烹煮菜餚，味道卻很鮮甜。

每一份量供給:

	熱量	169
克	醣	17
克	膽白質	17
克	脂肪	5
克	飽和脂肪	1
毫克	膽固醇	53
克	纖維	6
毫克	鹽	329
毫克	鉀	1014

優: 維他命 A; 維他命 D; 維他命 B-6; 纖維 維他命 B-12; 葉酸

良: 維他命E；維他命 C; 鐵；核黃素；菸鹹酸

白玉翡翠羹
White and Green Jade Soup

在上海示範加國菜譜期間，發現這味既簡單，又鮮美的湯羹。源自新錦江飯店的食譜是沿用野生薺菜。但採用西洋菜或芫茜代之效果也很好。剛熟的菜仍帶其獨特辛性，而湯羹清滑可口。

豬肉及醃料：

1/4 磅	瘦肉，切絲	125 克
1/4 茶匙	鹽	1 毫升
少許	白胡椒粉	少許
1 湯匙	廚酒	15 毫升
2 茶匙	粟粉	10 毫升

獻汁：

1 湯匙	粟粉	15 毫升
2 湯匙	雞上湯 (第3頁)	25 毫升

1/2 磅	西洋菜，清淨，摘短	250 克
6 杯	雞上湯或素上湯 (第4頁)	1.5 公升
2 茶匙	薑茸	10 毫升
1 磅	軟豆腐，瀝水，切丁1/4吋(五厘米)	500 克
1/2 茶匙	白胡椒粉	2 毫升
1 茶匙	生抽	5 毫升
2 湯匙	葱碎	25 毫升

1. 豬肉加醃料，醃卅分鐘或隔夜。
2. 粟粉和雞上湯攪勻，待用。
3. 西洋菜飛水一分鐘，沖冷水擠乾水份，切細。
4. 上湯滾後放入薑茸，豬肉滾一分鐘，撇去泡沫。
5. 放入豆腐，滾一分鐘，注入獻汁，其間不停攪拌，湯再滾時放入西洋菜，以胡椒粉、生抽調味。灑上葱碎，即可盛出上桌。

供六人食用

醃料：

醃浸肉類、魚類，能將其中鮮味引發出來。醃料中的粟粉烹煮時受熱將肉汁包住，使肉絲香滑。早一天醃好也不妨。我記得年少時期，母親總會存備些醃好的豬肉、雞肉。孩子們一時要出外，即可迅速調煮出一頓小食。

每一份量供給:

	熱量	95
克	醣	3
克	蛋白質	11
克	脂肪	5
克	飽和脂肪	1
毫克	膽固醇	12
克	纖維	2
毫克	鹽	180
毫克	鉀	296

優: 維他命 E; 鐵
良: 硫胺素

粟米帶子蟹肉羹

Corn and Shellfish Soup

這類型湯羹在廣東式餐館非常普及。我略加變化，將蘆筍代替青豆，又加上白雲耳，使湯底更加豐富。百加利花和莖切粒亦是理想的材料。

獻汁：

1 湯匙	粟粉	15 毫升
2 湯匙	清水或雞上湯 (第3頁)	25 毫升

材料：

1/3 杯	乾白雲耳	75 毫升
6 杯	雞上湯	1.5 公升
2 茶匙	薑茸	1 毫升
1 罐	粟米茸，19安士/540毫升	1 罐
1/4 磅	帶子，切粒	125 毫升
1/4 磅	蟹肉	125 毫升
1 杯	蘆筍，切碎	250 毫升
1 茶匙	麻油	5 毫升
1/2 茶匙	白胡椒粉	2 毫升
1 隻	蛋白，打散	1 隻

1. 粟粉與清水或雞上湯攪勻待用。
2. 雲耳浸熱水十五分鐘。清理乾淨，隔水，切碎。
3. 置一大煲，放入雞湯、薑、白雲耳煮滾一分鐘。改中火，放入粟米、帶子、蟹肉及蘆筍，約煮滾二分鐘。
4. 以麻油及白胡椒粉調味。埋獻，攪勻至沸滾。
5. 離火，將蛋白慢慢注入攪勻，成蛋花即可盛湯碗內。趁熱進食。

可供六人食用

每一份量供給:

	熱量	134
克	醣	22
克	蛋白質	11
克	脂肪	2
克	飽和脂肪	微量
毫克	膽固醇	21
克	纖維	2
毫克	鹽	400
毫克	鉀	389

優: 葉酸；維他命 B-12
良: 鋅

象拔蚌紹菜湯麵

Geoduck with Noodles and Sui Choy in Soup

我最喜歡品嚐味道不同的食品。以下介紹一款令人愜意的湯麵，加上鮮甜的象拔蚌魚生片，是創新的嚐試，選購生猛象拔蚌時，可請魚販清理及片薄。

象拔蚌是軟體動物類，味極鮮美，價格貴，但物有所值。

6 杯	鮮味魚上湯 (第6頁)	1.5 公升
1 茶匙	薑茸	5 毫升
1/2 茶匙	蒜茸	2 毫升
2 湯匙	些厘酒	25 毫升
4 杯	紹菜，切絲	1 公升
1/2 磅	炒麵煮熟，過冷河	250 克
1/4 茶匙	胡椒粉	1 毫升
2 茶匙	生抽	10 毫升
1 茶匙	麻油	5 毫升
1/2 杯	葱粒	125 毫升
1/4 杯	芫茜粒	50 毫升
6 安士	象拔蚌，切薄片	175 克
少許	黑椒碎	少許

1. 將鮮味魚上湯、薑蒜、酒加入湯煲內，慢火煮五分鐘。
2. 加入紹菜絲、熟麵、胡椒粉，煮一分鐘。
3. 加生抽、麻油、葱、芫茜。分成六碗盛出，每碗上放象拔片，黑椒碎，趁熱進食。

可供六人食用

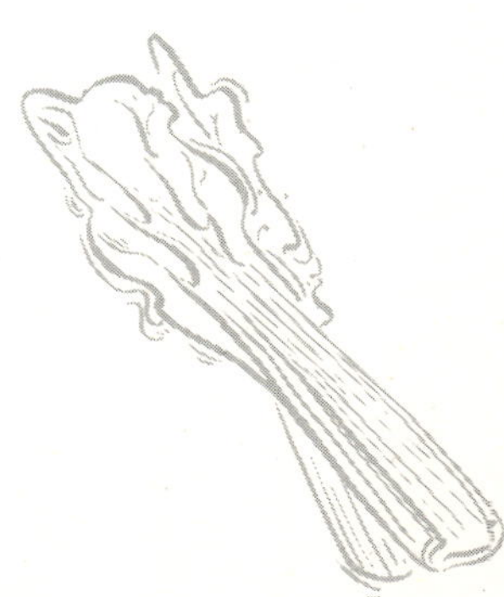

每一份量供給:

	熱量	145
克	醣	13
克	蛋白質	10
克	脂肪	6
克	飽和脂肪	1
毫克	膽固醇	20
克	纖維	2
毫克	鹽	222
毫克	鉀	359

優: 維他命 E；維他命 B-12；鐵

良: 維他命 A；維他命 C 葉酸

廚酒：

在加拿大進口的中國廚酒含有鹽份。本書所指廚用酒是不含鹽份的紹興酒或些里酒(dry sherry)。

酸辣雞湯

Hot and Sour Chicken Soup

雞及醃料：

1/4 磅	淨雞胸肉，切絲	125 克
1/8 茶匙	鹽	0.5 毫升
1 湯匙	廚酒	15 毫升
2 茶匙	粟粉	10 毫升

預浸材料：

1/2 杯	金針	125 毫升
3 隻	冬菇	3 隻

調味料：

1 湯匙	生抽	15 毫升
1 茶匙	麻油	5 毫升
3 湯匙	紅醋	45 毫升
1/2 茶匙	胡椒粉	2 毫升
1/4-1/2 茶匙	辣醬 (tabasco sauce)	1-2 毫升

獻汁：

1 湯匙	粟粉	15 毫升
2 湯匙	清水	25 毫升

材料：

6 杯	雞上湯 (第3頁)	1.5 公升
1/2 杯	蘑菇，切薄片	125 毫升
1 磅	豆腐，切粒	500 毫升
2 杯	嫩菠菜葉，切絲	500 毫升
1/4 杯	芫茜葉，切粒	50 毫升

1. 雞絲與醃料拌勻，醃廿分鐘或隔夜。
2. 金針及冬菇分別浸入一杯/250毫升熱水中，至軟。冬菇取出，洗淨，切絲。冬菇水留用。金針取出，沖淨，去掉硬蒂，切為二段。
3. 調味料除辣醬外，全部拌勻，備用。
4. 獻汁料調勻，備用。
5. 冬菇水及上湯注入大煲，湯滾後依次序放入金針，冬菇及磨菇片，煮二分鐘，加入雞絲，煮二分鐘，注入調味料，煮一分鐘。再依個人口味，酌量加入辣醬及醋。
6. 改用中火，放入豆腐粒、菠菜絲，略為攪拌。湯滾加獻汁，攪拌使湯濃度一致。即可盛出，趁熱進食。

可供六人食用

紅醋：

紅醋中以鎮江浙醋味道最佳。將1茶匙/15毫升薑絲浸入1/4杯/50毫升紅醋內約卅分鐘。用來做酸辣湯的調味料或蘸食餃子都好。

每一份量供給:

	熱量	118
克	醣	7
克	蛋白質	13
克	脂肪	5
克	飽和脂肪	1
毫克	膽固醇	16
克	纖維	2
毫克	鹽	253
毫克	鉀	314

優: 維他命 E；鐵

良: 維他命 D；葉酸；維他命 B-12

蒜茸忌廉雞湯

Cream of Chicken Soup with Pan Roasted Garlic

菜蔬烹煮時有自然焦糖作用，產生各種可口的味道。在蒜頭裡的自然糖類炒至金黃時，發出的香味，使一個簡易的湯水變成令人回味的上品。

	植物油噴劑	
1 湯匙	蒜茸	15 毫升
1 1/2 杯	洋葱，切粒	375 毫升
1/2 杯	西芹，切粒	125 毫升
1/2 杯	紅蘿蔔，切粒	125 毫升
2/3 杯	雞，切粒	150 毫升
8 杯	雞上湯 (第3頁)	2 公升
少許	鹽	少許
1/4 茶匙	辣椒汁 (tabasco sauce)	1 毫升
1/4 茶匙	白胡椒	1 毫升
2 杯	脫脂淡奶 (evaporated skim milk)	500 毫升
3/4 杯	粟粉	175 毫升
1/4 杯	青葱，切粒	50 毫升

1. 噴一層植物油在大煲內，高火爆香蒜茸。
2. 加入洋葱、紅蘿蔔、西芹，炒至洋葱邊轉金黃色。
3. 加入雞粒、雞上湯、鹽、辣椒汁、胡椒粉，文火煮約一小時。
4. 在一小碗，將粟粉與脫脂淡奶調勻，輕倒入湯內，不時攪拌，約煮五分鐘。
5. 盛出深碗，上以青葱飾面，趁熱進食。

可供十人食用

每一份量供給:

	熱量	122
克	醣	19
克	蛋白質	9
克	脂肪	1
克	飽和脂肪	微量
毫克	膽固醇	15
克	纖維	1
毫克	鹽	106
毫克	鉀	301

優: 維他命 A；維他命 D；鈣

傳統加國蜆蛤"周打"湯

Classic Canadian Clam Chowder

每一個加藉廚司都有一個幾代相傳下來的蜆蛤周打湯祕方。我亦有幾款遠自印弟安人聚居此地年代的祕方。其中以採用新鮮蜆蛤連殼清蒸的，味道最好。

1 湯匙	煙肉 (bacon)，切粒	15 毫升
2/3 杯	洋葱，切1/4吋/5厘米粒	150 毫升
2/3 杯	西芹，切1/4吋/5厘米粒	150 毫升
2/3 杯	紅西椒，切 1/4 吋/5厘米粒	150 毫升
2 杯	薯仔，去皮切 1/4 吋/5厘米粒	500 毫升
5 杯	鮮味魚上湯 (第6頁)	1.25 公升
1 茶匙	新鮮百里香 (fresh thyme leaves)	5 毫升
5 滴	辣椒汁 (tabasco sauce)	5 滴
1/2 茶匙	咭汁 (worcestershire sauce)	2 毫升
1 杯	脫脂淡奶 (evaporated skim milk)	250 毫升
1/3 杯	粟粉	75 毫升
3/4 磅	熟蜆肉	375 克
1/2 杯	葱粒	125 毫升

1. 將煙肉粒放入厚底煲，低火炒至金黃。
2. 加入洋葱、西芹、紅西椒粒，約炒3分鐘，至西椒轉軟。
3. 放入薯仔、魚上湯、百里香、辣椒汁、咭汁，煮至薯仔鬆軟。
4. 在一小碗，將粟粉與淡奶調勻，漸倒入湯內，攪拌至濃度一致，約煮五分鐘。
5. 加入蜆肉、葱花，煮一分鐘即成，

可供六人食用

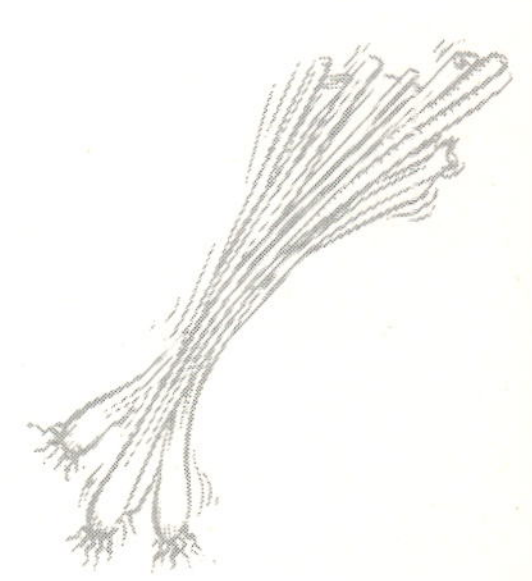

蜆蛤周打湯以蕃茄為湯底稱為曼哈頓"Manhattan"式。以一杯/250毫升新鮮蕃茄粒與魚上湯同煮，即成。

每一份量供給:

	熱量	212
克	醣	29
克	蛋白質	20
克	脂肪	2
克	飽和脂肪	微量
毫克	膽固醇	40
克	纖維	2
毫克	鹽	145
毫克	鉀	803

優: 維他命 A；核黃素；維他命 B-12；鐵；鋅

良: 硫胺素；維他命 B-6 葉酸；鈣；纖維

咖喱蕃瓜蘋果椰汁湯

Curried Squash with Apple and Coconut Soup

秋天是蕃瓜豐收季節，這款帶咖喱香味的湯與蘋果椰子配搭得十分吻合，保證驅走冬天的寒氣。

萬聖節期間，可用南瓜肉煮湯，挖空的南瓜外殼用來盛湯奉客。

	植物油噴劑	
1 1/2 杯	洋葱，切粒	375 毫升
1/2 杯	紅蘿蔔，切粒	125 毫升
1/2 杯	西芹，切粒	125 毫升
1 湯匙	蒜茸	15 毫升
1 湯匙	薑茸	15 毫升
2 磅	蕃瓜 (去皮,去籽,切粒)*	1 公斤
1 湯匙	咖喱粉	15 毫升
1 茶匙	芫茜子粉 (coriander, ground)	5 毫升
1 茶匙	小茴粉 (cumin, ground)	5 毫升
1/4 茶匙	黑椒粉	1 毫升
1 茶匙	五香粉	5 毫升
6 杯	雞上湯 (第3頁)或西素湯 (第5頁)	1.5 公升
2 杯	蘋果汁	500 毫升
1/2 杯	椰奶 (coconut milk)	125 毫升
1/4 茶匙	鹽	1 毫升
1 杯	蘋果，切粒	250 毫升
1/4 杯	芫茜碎	50 毫升

1. 用厚底煲加高熱，爆炒蒜茸、薑茸、洋葱、西芹和紅蘿蔔。
2. 加蕃瓜煮3分鐘。
3. 加入咖喱粉、芫茜粉、小茴粉、黑椒粉、五香粉約煮2分鐘。
4. 加雞上湯、蘋果汁，文火煮到素菜軟稔 (約四十分鐘)。
5. 倒入攪拌機，將湯料攪至幼滑。
6. 倒回大煲，文火再煮滾。
7. 加鹽、蘋果粒及芫茜，即時上桌。

可供八人食用

* 亦可用香蕉或其他鮮橙色瓜類代番瓜烹煮此食譜。

每一份量供給:

	熱量	118
克	醣	21
克	蛋白質	3
克	脂肪	4
克	飽和脂肪	3
毫克	膽固醇	0
克	纖維	4
毫克	鹽	87
毫克	鉀	507

優: 維他命 A

良: 纖維；維他命 C；葉酸；鐵

小食類

薑汁糙米飯

Gingered Brown Rice

糙米在中國烹飪並不流行，食制地位不高，被視為未經精研，粗糙之物。但我卻喜愛其類似堅果的韻味及頗高營養價值。下面介紹的製法，香味濃郁，配以第88頁介紹的燴羊腿煲，十分理想。或將米飯扒鬆待涼，是制作壽司的好材料。

2 杯	糙米 (brown rice)	500 毫升
$2^{1}/_{3}$ 杯	水	575 毫升
2 湯匙	薑茸	25 毫升
1 隻	大蛋，打散	1 隻
2 茶匙	日本米醋 (Japanese rice vinegar)	10 毫升

1. 米洗淨，浸冷水卅分鐘。瀝乾水留用。
2. 將米、薑茸及水一齊放入厚底煲中，煲蓋半開，大火煮至沸滾。改文火，蓋好上蓋，以文火煮卅分鐘，直至水份完全吸乾。
3. 熄火，移開飯煲，多等十分鐘，等飯粒熟透。用筷子將米飯隔鬆，注入蛋液，攪拌均勻。再蓋好煲蓋，稍等五分鐘，使蛋液完全焗熟。
4. 倒入米醋，拌勻上桌。

供四人食用

每一份量供給：

	熱量	362
克	醣	72
克	蛋白質	9
克	脂肪	4
克	飽和脂肪	1
毫克	膽固醇	53
克	纖維	3
毫克	鹽	23
毫克	鉀	237

良： 纖維；維他命 E；硫胺素；菸鹼酸；維他命 B-6；鋅

園蔬紅米炒飯

Fried Red Rice with Vegetables

(參看第11頁圖片)

炒飯是將隔餐飯菜處理成為一味可口碟頭的好方法。配搭隨個人喜好。最常見的是將肉類、菜類和不同顏色的材料切成細粒，加上熟透的米飯便可炒成令人垂涎，色香味兼備的炒飯。

2隻	大蛋、打散	2隻
1湯匙	植物油	15毫升
1茶匙	蒜茸	5毫升
1茶匙	薑茸	5毫升
5隻	冬菇、浸軟、瀝乾、切粒	5隻
1杯	雪豆，去絲、斜角切開三下	250毫升
3/4杯	紅蘿蔔，切粒	175毫升
1杯	鮮蘑菇片	250毫升
1/2茶匙	鹽	2毫升
1湯匙	素上湯(第4頁)或雞上湯(第3頁)	15毫升
4杯	凍紅米飯	1公升
1/4杯	素上湯或雞上湯	50毫升
1湯匙	生抽	15毫升
1/2杯	葱碎	125毫升
1/4茶匙	黑胡椒粉	1毫升

1. 注蛋液入易潔鑊，煎成兩面微黃薄蛋皮，冷後，切成半寸/1平方厘米蛋皮粒，待用。
2. 下油於熱鑊，爆香薑、蒜，將各蔬菜(青葱除外)略炒一分鐘，以鹽調味，加入1湯匙/15毫升上湯，加蓋二分鐘，使紅蘿蔔粒稍軟身又爽口。
3. 將飯倒入炒二分鐘，兜炒拌勻。
4. 續漸倒入1/4杯/50毫升上湯，以及生抽，再炒片刻。水份會全被飯粒吸收，而呈鬆軟。
5. 加入蛋皮粒及青葱，略炒。以少許胡椒粉調味，趁熱上桌。

可供四人食用

每一份量供給:

	熱量	323
克	醣	56
克	蛋白質	10
克	脂肪	7
克	飽和脂肪	1
毫克	膽固醇	106
克	纖維	6
毫克	鹽	567
毫克	鉀	355

優: 纖維；維他命 A；維他命 D；維他命 E；葉酸

良: 維他命 C；硫胺素；核黃素；菸鹼酸；維他命 B-6；鐵；鋅

星洲炒米

Singapore Stir-Fried Noodles

(參看第11頁圖片)

源自東南亞的星洲炒米，今日已成各地中菜館菜牌必備的一項目。說明了中菜不斷改變求新，吸收其他種族的精髓而繼續發揚光大。

1/2 磅	米粉	250 克
2 隻	雞蛋，打散	2 隻
4 茶匙	植物油，分二次用	20 毫升
1/3 磅	細鮮蝦肉 (除殼)	170 克
1/4 磅	叉燒 (第94頁)，切絲	125 克
3/4 杯	西芹，斜角切絲	175 毫升
1/2 杯	葱碎	125 毫升
2 湯匙	咖喱粉	25 毫升
1 杯	速成濃湯 (第2頁)	250 毫升
1茶匙	生抽	15 毫升
2 杯	豆芽	500 毫升
1 湯匙	芫茜碎	15 毫升

1. 米粉用溫水浸15分鐘至軟，瀝乾水，留用。
2. 注入蛋液於燒熱易潔鑊，煎成兩面微黃蛋皮。取出切絲備用。
3. 下2茶匙/10毫升油，燒熱，放入蝦仁約炒一分鐘，加入叉燒及西芹炒一分鐘，蛋絲亦略炒，盛出。
4. 注入餘下2茶匙/10毫升油，以中火炒咖喱粉廿秒，加入濃上湯和生抽，倒入米粉同炒。加蓋煮二分鐘。
5. 加入蝦、肉等材料以中火煮至汁液收乾，放入豆芽略炒。以芫茜裝飾，胡椒粉調味。趁熱上桌。

可供四人食用

每一份量供給:

	熱量	361
克	醣	47
克	蛋白質	19
克	脂肪	11
克	飽和脂肪	2
毫克	膽固醇	177
克	纖維	3
毫克	鹽	761
毫克	鉀	380

優: 鐵；維他命 D；維他命 B-12

良: 鋅；硫胺素；核黃素；葉酸；纖維

雞絲焗麵

Baked Chicken Chow Mein

用焗爐焗麵可以做到接近餐廳炒麵一樣香脆，而毫不油膩。用新鮮蛋麵或包裝乾麵皆宜。焗麵前，要預早將煮熟的麵挑鬆，攤開，使麵身乾爽，才收預期效果。

雞及醃料：

1 磅	淨瘦雞胸肉，切絲	500 克
1 湯匙	生抽	15 毫升
1/4 匙	鹽	1 毫升
1 湯匙	廚酒	15 毫升
1/4 茶匙	白胡椒粉	1 毫升
1 湯匙	粟粉	15 毫升

1 磅	蛋麵	500 克
1 1/2 杯	雞上湯 (第3頁)	375 升
1 湯匙	薑茸	15 毫升
1/2 杯	洋葱片	125 毫升
3 隻	冬菇，浸軟，洗淨，切絲	3 隻
2 杯	韮菜花或青葱，切度	500 毫升
2 茶匙	麻油	10 毫升
3 杯	豆芽	750 毫升
	黑椒粉，調味	

1. 將雞及醃料調勻，備用。
2. 將麵放入滾水，約煮一分鐘，瀝乾水份，用筷子挑鬆，使麵身稍涼及乾爽。然後將麵鬆排在焗盤錫紙上。
3. 焗爐開中火，將麵焗約五分鐘至香黃。翻轉另一面，焗多五分鐘。要留意爐火，以免焦黃。
4. 同時，燒熱鑊，將上湯煮滾，加入薑及洋葱，略煮一分鐘，再加入雞絲煮二分鐘，至汁液收濃，放入韮菜花兜炒一分鐘。如用青葱，約炒卅秒即可。
5. 熄火。將豆芽倒入拌勻，另加胡椒粉調味。然後淋上焗麵面，趁熱上桌。

可供四人食用

每一份量供給：

	熱量	358
克	醣	43
克	蛋白質	33
克	脂肪	6
克	飽和脂肪	1
毫克	膽固醇	100
克	纖維	5
毫克	鹽	466
毫克	鉀	555

優： 維他命 D；硫胺素
核黃素；菸鹹酸
維他命 B-6；葉酸
鐵

良： 纖維；維他命 C；
維他命 B-12；鋅

黑椒牛肉上海麵

Peppered Beef with Shanghai Noodles

我對黑椒牛扒的熱愛，自然烏及這款中式麵。這一道麵是理想午餐。將牛肉的份量加倍，減去麵條份量，便是佐飯的好菜。

牛肉醃料：

1/2 磅	西冷牛扒，去肥油，切粗絲	250克
1 湯匙	蠔油	15毫升
1 1/2 茶匙	生抽	7毫升
1 茶匙	黑椒粉	5毫升
1 1/2 茶匙	粟粉	7毫升

汁料：

1 湯匙	生抽	15 毫升
1/2 杯	速成濃上湯 (第2頁)	125 毫升
1 茶匙	五香粉	5 毫升
2 湯匙	廚酒	25 毫升

材料：

1 磅	上海生麵或意大利麵	500 克
1 湯匙	植物油	15 毫升
3 湯匙	紅葱頭茸	45 毫升
4 粒	蒜茸	4 粒
3/4 杯	青西椒絲	175 毫升
3/4 杯	紅西椒絲	175 毫升
1 杯	豆芽	250 毫升

1. 將牛肉與醃料拌勻，放置廿分鐘備用。
2. 將汁料調好，備用。
3. 生麵放入滾水中約2分鐘煮至鬆散（乾麵時間稍長）撈起，放入冷水沖透，瀝乾水。
4. 鑊紅加油，炒香蒜茸、紅葱茸約30秒，放入牛肉炒2分鐘，使牛肉分散，均勻受熱。放入青椒、紅椒絲輕炒2分鐘，盛出。
5. 加入汁料煮滾，放入麵條，煮時用筷子翻動拌勻。
6. 加入牛肉、椒絲、豆芽同炒，以新磨好黑椒調味，趁熱進食。

供四人進食

每一份量供給：

	熱量	304
克	醣	33
克	蛋白質	25
克	脂肪	8
克	飽和脂肪	2
毫克	膽固醇	50
克	纖維	3
毫克	鹽	664
毫克	鉀	465

優： 維他命 C；維他命 B-12；鋅；

良： 纖維；葉酸；鐵

木須蝦菠菜意麵

Spinach Fettuccine with Moo Shu Prawn

木須肉是上海著名小菜，精巧地包在一張薄麵餅來進食，十分雅緻。自從無意中在西雅圖唐人街餐館嚐過一個革新的菜式，我亦試用蕃茄紫蘇意麵陪襯，效果相當好。蘑菇、冬菇可代換木耳。

調味料：

1/4 杯	廚酒	50 毫升
4 茶匙	海鮮醬	20 毫升
4 茶匙	魚露	20 毫升
2 湯匙	清水	25 毫升

材料:

3/4 磅	新鮮意麵	375 克
2 隻	大蛋，打散	2 隻
1 湯匙	植物油	15 毫升
1 湯匙	薑茸	15 毫升
1 湯匙	蒜茸	15 毫升
1/4 杯	雲耳，浸透洗淨、切碎	50 毫升
1/4 杯	金針，浸透沖淨，撕開	50 毫升
24 隻	老虎蝦，除殼挑腸	24 隻
1 杯	速成濃上湯 (第2頁)	250 毫升
1/4 茶匙	胡椒粉	1 毫升
2 湯匙	芫茜碎	25 毫升

1. 將調味料調勻，備用。
2. 將意麵放入滾水中煮滾，但不宜太稔。倒出沖冷水，瀝乾水備用。
3. 雞蛋打散，下小量油煎成蛋皮，待冷切絲。
4. 燒熱剩下的油，爆香薑、蒜茸，加入木耳及金針炒30秒，再加入老虎蝦，急炒2分鐘，盛出。
5. 放入意麵，翻拌至熱透為止，倒入調味料，蛋絲、蝦材料等，炒至汁乾，洒上胡椒粉、芫茜粒。即時上桌。

可供四人食用

每一份量供給:

	熱量	303
克	醣	36
克	蛋白質	17
克	脂肪	7
克	飽和脂肪	1
毫克	膽固醇	208
克	纖維	2
毫克	鹽	890
毫克	鉀	253

優: 維他命 D；維他命 B-12；

良: 葉酸；鐵；硫胺素；核黃素；鋅

清蒸雞餃

Steamed Chicken Damplings

舊曆年前兩天，孩子們幫著包餃子。盤子裡排列整齊的可口餃子放進了冰箱。親友來訪，湯裡一放，籠裡一蒸，熱呼呼，樂融融！

清蒸餃子柔軟可口，蒸出來不易變形，可包成各種不同的形狀及裝飾，增加趣味感。

蘸點汁料

1/2 杯	黑醋（鎮江醋）	125 毫升
2 湯匙	薑，去皮，切幼絲	25 毫升

餃子餡料：

1 1/4 磅	免治雞肉	625 克
1 湯匙	薑茸	15 毫升
1/2 杯	韮菜，切細粒	125 毫升
1 茶匙	蒜茸	5 毫升
1 罐	馬蹄，7.5安士/213毫升，瀝乾，切碎	1 罐
2 茶匙	麻油	10 毫升
2 湯匙	生抽	25 毫升
2 湯匙	廚酒	25 毫升
2 湯匙	雞上湯 (第3頁)	25 毫升
1/2 茶匙	白胡椒粉	2 毫升
2 茶匙	粟粉	10 毫升

材料：

1 包	雲吞皮或餃子皮	1 包
3 隻	大紅蘿蔔，切片 (隨量)	3 隻

1. 蘸點汁料混合備用。
2. 將上述餃子材料（除卻生粉外）同加入深碗內，順方向大力攪五分鐘至餡料全部調勻呈黏稠狀。
3. 加入粟粉，攪拌完蓋好，放入雪櫃卅分鐘。
4. 將半湯匙/17毫升餡料，放在餃子皮中央，皮子邊緣沾水，對摺包起，打摺，捏緊邊即成。重複做25至30餃子。
5. 預熱蒸籠，蒸籠底部塗少許油或雞餃下放一片紅蘿蔔，排放好一批，約蒸7-8分鐘，趁熱伴以蘸點汁料進食。

可供六人食用

每一份量供給:

	熱量	449
克	醣	51
克	蛋白質	36
克	脂肪	10
克	飽和脂肪	2
毫克	膽固醇	91
克	纖維	1
毫克	鹽	864
毫克	鉀	411

優: 硫胺素；核黃素；菸鹹酸；鐵

良: 維他命 B-6；鋅

焗紅魚柳，第54頁>

豬肉餃子

Boiled Pork Dumplings

餃子的餡料可隨個人喜好而選配。一般以雞肉、豬肉為主，也可以試試蝦肉與韮菜；薑葱與三文魚；或者是紅蘿蔔、洋薯、青豆的素餃。

蘸點汁料：

1 茶匙	麻油	5 毫升
1½ 茶匙	鮮辣椒醬 (第9頁) 或豆辦醬	7 毫升
¼ 杯	紅浙醋	50 毫升

餃子材料：

¼ 杯	雲耳，浸水洗淨，切絲	50 毫升
1 磅	攪碎瘦肉	500 克
1 湯匙	薑茸	15 毫升
¼ 杯	葱碎	50 毫升
½ 茶匙	蒜茸	2 毫升
1 茶匙	鹽	5 毫升
1 湯匙	廚酒	15 毫升
1 湯匙	雞上湯 (第3頁)	15 毫升
½ 茶匙	白胡椒粉	2 毫升
2 茶匙	粟粉	10 毫升
1 杯	紹菜或椰菜，切碎	250 毫升
1 包	雲吞皮或餃子皮	1 包

1. 蘸點汁材料混合好，待用
2. 餃子餡料，全部調拌好。
3. 將半湯匙/17毫升餡料放在餃子皮中央，皮子邊緣沾上水分，對摺包起，再打幾個摺，捏實邊即成。重複做25至30個餃子。
4. 將約16杯/4公升水煮滾，以大火將餃子放，輕輕攪動以免黏底。至餃子上水面，加1杯/250毫升冷水餃子再浮面，重複加水。至餃子第三次浮面，餡料已完全熟透。
5. 以濾篩將餃子撈出，伴以汁料一同進食。

可供六人食用

如果喜歡餃子咬開有一泡湯，就不要放粟粉在餡料裡，代之以小半杯上湯，順方向調勻。

每一份量供給:

	熱量	87
克	醣	8
克	蛋白質	7
克	脂肪	3
克	飽和脂肪	2
毫克	膽固醇	13
克	纖維	微量
毫克	鹽	156
毫克	鉀	220

優: 硫胺素；核黃素；菸鹼酸；維他命 B-12；鐵；鋅

良: 維他命 B-6

<茶葉燻海鮮，第61頁，茶葉蛋，第10頁

雞肉粉卷

Chicken Noodle Rolls

雞粉卷作為餐前開胃小點或午餐都會帶給大家一些驚喜。餡料可以先準備好，食用前才捲好上蒸籠。

6 隻	冬菇	6 隻
1/2 杯	熱水	125 毫升

雞醃料：

1/2 磅	淨雞胸肉，切成細絲	250 克
2 茶匙	廚酒	10 毫升
2 茶匙	粟粉	10 毫升

餡料：

1 1/2 茶匙	植物油	7 毫升
2 茶匙	薑茸	10 毫升
1 茶匙	辣紅椒幼粒	5 毫升
2 杯	韮菜，2吋/5厘米長	500 毫升
1 杯	竹筍，切絲	250 毫升

醬汁：

1/4 杯	冬菇水	50 毫升
1 1/2 茶匙	蠔油	7 毫升
1 1/2 茶匙	生抽	7 毫升

8 張	圓形越南粉卷皮，8吋/20厘米	8 張
1 茶匙	麻油	5 毫升
1 湯匙	白鑊炒香蒜茸及洋葱碎	15 毫升
1 湯匙	葱花（隨意）	15 毫升

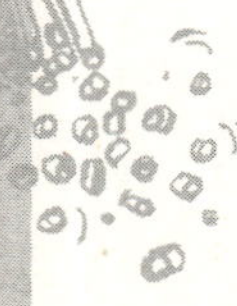

1. 冬菇浸熱水，20分鐘後取出，洗淨切絲，冬菇水隔清留用。
2. 雞與醃料拌勻備用。
3. 開中火，注油於鑊中，放入薑茸及紅椒粒爆香，下雞肉同炒1分鐘，再加入蔬菜及冬菇絲炒2分鐘。注入醬汁煮至汁液收乾。盛出大碗待冷。
4. 放蒸籠於沸水之上蒸熱。輕掃一層麻油在碟上。
5. 包粉卷前，先置一大碗，倒入滾水至半滿，將每張越南粉卷皮放入滾水中，約浸五秒鐘至軟身。用筷子夾起平放。將2至3湯匙/25-45毫升餡料置於粉卷近底部分。捲起底部，兩邊摺入，包緊捲起。將粉卷摺縫向下，又輕掃上麻油。將過程重複，做好八隻6吋/15厘米的粉卷。
6. 置一碟粉卷於蒸籠內，蒸三分鐘，上面可點綴些青葱碎、蒜茸、洋葱粒。上桌前，以廚剪將粉卷剪開四件，方便進食。

可供四人食用

捲法示範

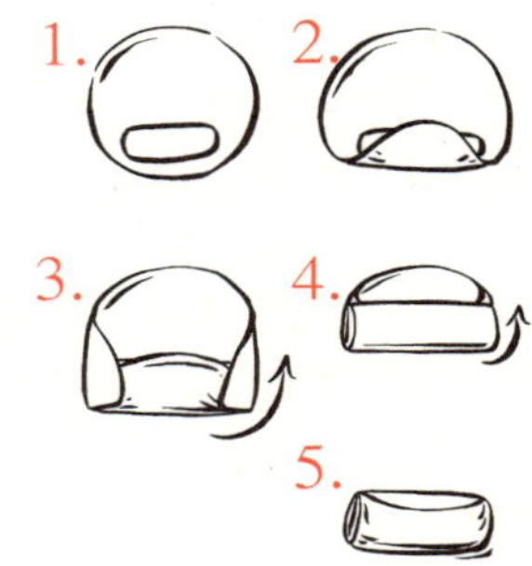

每一份量供給：

	熱量	229
克	醣	28
克	蛋白質	17
克	脂肪	5
克	飽和脂肪	1
毫克	膽固醇	34
克	纖維	2
毫克	鹽	428
毫克	鉀	362

優： 維他命 D；菸鹼酸

良： 維他命 B-6；葉酸；鋅

蒸雞包

Steamed Chicken Buns

包料：

$2^1/_2$ 杯	麵粉	625 毫升
$3^1/_2$ 杯	發粉 (baking powder)	17 毫升
3 湯匙	糖粉	45 毫升
2 湯匙	植物油	25 毫升
$^3/_4$ 杯	溫水	175 毫升
$^1/_2$ 茶匙	白醋	2 毫升
10 張	3吋/8厘米四方蠟紙	10 張

餡料：

$1^1/_4$ 磅	淨瘦雞肉，攪碎	625 克
1 湯匙	薑茸	15 毫升
$^1/_2$ 杯	韮菜切碎	125 毫升
1 茶匙	蒜茸	5 毫升
1 罐	7.5安士/213毫升馬蹄，瀝乾，切碎	1 罐
2 茶匙	麻油	10 毫升
2 湯匙	生抽	25 毫升
2 湯匙	些厘酒	25 毫升
2 湯匙	雞上湯（第3頁）	25 毫升
$^1/_2$ 茶匙	胡椒粉	2 毫升
2 茶匙	粟粉	10 毫升

1. 將麵粉、發粉一起篩好，拌入糖粉，加油，搓勻。調以溫水及白醋。混和好，揉捏成圓球狀軟麵團。蓋上潮濕布30分鐘。
2. 將餡料拌好，放進雪櫃。
3. 做包子的程序，先將麵團搓成長條，切開10份，每份搓成球狀，擀成4吋/10公分圓皮子，將滿匙餡肉放在皮子中間，皮子向中央摺起。包子摺口向下，放在蠟紙上。重複做完其他材料。
4. 將蒸籠放在沸水上蒸熱，包子均勻排好，蒸廿分鐘，趁熱進食。存放在冰箱的熟包子只需再蒸三分鐘，至熱透便可進食。

可供十人食用

每一份量供給:

	熱量	274
克	醣	28
克	蛋白質	20
克	脂肪	8
克	飽和脂肪	2
毫克	膽固醇	51
克	纖維	1
毫克	鹽	221
毫克	鉀	199

優: 菸鹼酸

良: 硫胺素；核黃素；維他命 B-6；鐵；鋅

蝦多士

Prawn Toast

家裡孩子們對這份點心總是說做得不夠多。傳統的蝦多士炸得香酥。下面介紹採用焗爐，效果頗佳。正想請本書營養師林孝敏嚐嚐，哪知廚房桌上的小點全被吃到肚子裡去了。

材料：

6片	三文治麵包	6片

蝦料：

3/4 磅	鮮蝦，去殼挑腸	375 克
1 隻	蛋白	1 隻
1/2 茶匙	鹽	2 毫升
1/4 茶匙	白胡椒粉	1 毫升
1 1/2 茶匙	粟粉	7 毫升
1 湯匙	芫茜，切碎	15 毫升
2 湯匙	韮菜或青葱，切碎	25 毫升
2 茶匙	薑茸	10 毫升
2 湯匙	料酒	25 毫升
1/2 杯	馬蹄，切細粒	125 毫升
2 茶匙	麻油	10 毫升
1 茶匙	蜜糖（隨意）	5 毫升

1. 預熱焗爐250°F/120°C。 麵包切去硬邊，對角切開四塊，放上焗盤，在焗爐焗廿分鐘至麵包鬆脆。
2. 開烤爐，將焗爐架移近熱源6吋/15公厘處。
3. 蝦料除馬蹄外，倒入食物攪拌機，攪成膠狀。再加入馬蹄粒再稍攪勻，待用。
4. 每一三角麵包塗上一滿匙蝦膠，抹勻到邊角。
5. 烤盤上放一張錫紙，以一茶匙/5毫升麻油掃勻，蝦多士排列整齊，放入烤箱，高熱烤3至4分鐘。
6. 將剩餘的麻油掃在蝦多士面上，再烤2分鐘，趁熱進食。如做冷盤，最後一次烤焗前，須搽上1茶匙/5毫升蜜糖，可防止變乾。

一共廿四件，供六人做餐前小點

每一份量供給：

	熱量	169
克	醣	19
克	蛋白質	15
克	脂肪	3
克	飽和脂肪	1
毫克	膽固醇	111
克	纖維	1
毫克	鹽	459
毫克	鉀	175

優： 維他命 D；核黃素；維他命 B-12

良： 鐵

雙芝士素菜茄汁麵皮

Two Cheese Vegetable Lasagna

最早期的意大利餐館熱，由Lasagna麵食率先吹遍加拿大。自此，每一個當紅的加國廚師都有自己首本的茄汁麵皮子，凱撒沙律，以及蒜茸麵包的食譜招徠客人。

第一層餡料

8 杯	菠菜葉	2 公升
1 杯	ricotta芝士	250 毫升
1 茶匙	磨黑椒粉 (ground black pepper)	5 毫升
2 湯匙	香葉碎 (basil)	25 毫升

第二層餡料

	植物油噴劑	
1 杯	洋葱片	250 毫升
2 茶匙	蒜茸	10 毫升
2 杯	西節瓜 (zucchini)，切粒	500 毫升
3 杯	磨菇片	750 毫升
2 杯	紅西椒絲	500 毫升
1/2 茶匙	茴香子粉 (ground fennel seeds)	2 毫升
1/4 茶匙	鹽	1 毫升
3 杯	香濃蕃茄醬（第16頁）	750 毫升
1 磅	熟麵皮 (lasagna)	500 克
6 安士	mozzarella芝士粉	175 克

1. 預熱焗爐至華氏350度/攝氏180度。
2. 菠菜飛水2分鐘，瀝乾水，切幼絲，與ricotta芝士、黑椒粉、香草拌勻。成第一層餡料留用。
3. 噴植物油上鑊內，猛火爆炒洋葱、蒜頭至金黃。
4. 放入西節瓜、蘑菇、紅椒、茴香及鹽，炒至微黃及汁液收乾，成第二層餡料留用。
5. 在深口焗盤噴層植物油，將一半蕃茄醬塗勻其上。
6. 將麵皮分成三等分，第一份平鋪在茄醬上。
7. 將菠菜芝士餡料置於麵皮層上。
8. 再放第二份皮子在菠菜芝士餡料。
9. 放素菜餡料上麵皮。
10. 第三份麵皮放上面。
11. 將餘下一半蕃茄醬淋上皮子上。
12. 灑以 mozzarella 芝士粉。
13. 蓋好，焗45分鐘，即可進食。

可供六人食用

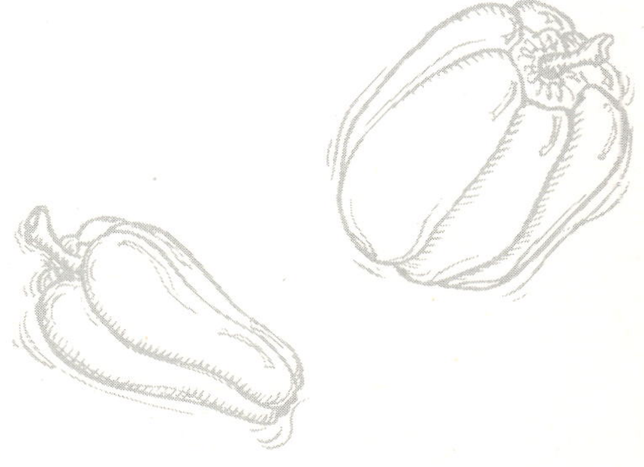

蒜茸麵包：

將整個蒜頭
切去底根部分，
用錫紙包封好，
以華氏350度/
攝氏180度烤45分鐘，
取出後，將蒜汁
搾塗上出爐多士上，
即可享用到低脂肪
蒜茸麵包。

每一份量供給:

	熱量	548
克	醣	83
克	蛋白質	28
克	脂肪	13
克	飽和脂肪	6
毫克	膽固醇	30
克	纖維	9
毫克	鹽	564
毫克	鉀	1355

優: 維他命 A；維他命 E
維他命 C；硫胺素；
核黃素；菸鹹酸；
維他命 B-6；葉酸；
鈣；鐵；鋅；

良: 維他命 D；
維他命 B-12

素菜意大利麵卷

Vegetable Cannelloni Pasta Rolls

西式粉麵，點止芝士通心粉咁簡單。下列介紹可帶你探索意大利美食的端倪。

餡料：

1 湯匙	橄欖油	15 毫升
2 杯	洋葱，切粒	500 毫升
1 湯匙	蒜茸	15 毫升
4 杯	紅西椒，切粒	1 公升
3/4 杯	青西椒，切粒	175 毫升
3/4 杯	蘑菇，切粒	175 毫升
4 杯	菠菜葉，切碎	1 公升
2 杯	蕃茄，切粒	500 毫升
1/4 杯	蕃芫茜 (parsley)，切碎	50 毫升
1 湯匙	新鮮 oregano 香草葉，切碎	15 毫升
1 茶匙	白胡椒，磨粉	5 毫升
1/4 茶匙	鹽	1 毫升
1 杯	ricotta芝士	250 毫升

3 張	意大利麵皮 (lasagna)，煮熟	3 張
3 杯	香濃蕃茄醬（第16頁）	750 毫升
6 安士	脫脂 mozzarella芝士粉	175 克
3 安士	巴馬臣 parmesan芝士粉	30 克

1. 燒紅鑊，將橄欖油倒入鑊中。
2. 爆炒洋葱，至金黃色。
3. 加入蒜茸，炒二分鐘。
4. 加入紅青椒，炒三分鐘。
5. 加入磨菇，炒三分鐘。
6. 加入菠菜、蕃茄，以中火煮十分鐘，至汁液收乾。
7. 加入香草、番芫茜、白胡椒、鹽煮二分鐘調味。
8. 盛出待涼，然後拌入ricotta芝士粉。
9. 預熱焗爐，至華氏350度/攝氏180度。
10. 將麵皮，切成四等分。
11. 每張麵皮上，放上同樣份量餡料。
12. 餡料在內，將麵皮捲成筒狀。
13. 將1杯/250毫升香濃蕃茄醬，倒在焗盤上。
14. 將麵卷摺口向下，放在茄醬上。
15. 餘下的二杯茄醬，淋在麵卷上。
16. 灑以芝士，加蓋焗45分鐘，至芝士微黃，面上有滾泡即成。

可供六人食用(每份2條麵卷)

如果買不到熟麵皮，可以用乾意大利麵卷，依照包裝指示烹煮。

每一份量供給:

	熱量	601
克	醣	88
克	蛋白質	30
克	脂肪	16
克	飽和脂肪	7
毫克	膽固醇	31
克	纖維	10
毫克	鹽	603
毫克	鉀	1501

優: 纖維；維他命 A；維他命 E；維他命 C 硫胺素；核黃素；菸鹼酸；維他命 B-6 葉酸；鈣；鐵；鋅

良: 維他命 D；維他命 B-12

加入橙汁，增加香味，可減輕薄餅食油的份量。如果喜歡其他水果，可作多種嘗試，例如芒果，香蕉等。

橙汁早餐薄餅

Hot Pan Breakfast Orange Pancakes

不知有幾許年數，加拿大人曾一邊享用這款"西部牛仔早餐"一邊欣賞足球的冠軍賽事。看官！戴起你的牛仔帽，也同來分享這加國的風俗吧！

2 杯	麵粉	500 毫升
2 湯匙	糖	25 毫升
4 茶匙	發粉 (baking powder)	20 毫升
1/2 茶匙	蘇打粉 (baking soda)	2 毫升
2 隻	蛋，打散	2 隻
2 杯	橙汁	500 毫升
1 湯匙	橙外皮茸	15 毫升

1. 在一碗中，將麵粉、糖、發粉、蘇打粉調勻，備用。
2. 另一碗中，將蛋、橙汁、橙外皮茸打發一起。
3. 將蛋液加入乾粉料中，調拌均勻，但不要攪拌太多。
4. 在易潔鑊上噴一層油，開中火。
5. 倒入2安士/60毫升蛋麵漿，轉動鑊身，使麵漿流開成薄餅。
6. 薄餅面開始起泡，即時將薄餅翻身再煎卅秒。以楓樹糖漿或果醬，淋面進食。

可得十六件薄餅

每一份量供給:

	熱量	96
克	醣	20
克	蛋白質	3
克	脂肪	1
克	飽和脂肪	微量
毫克	膽固醇	23
克	纖維	1
毫克	鹽	171
毫克	鉀	91

海鮮類

三文魚金菇卷

Salmon Roulades with Enoki Mushrooms

珊瑚色彩的三文魚包裹著雪白的金菇，外面扎上翠綠青葱。味道與菜式設計都獲得到大家一致讚嘆。

三文魚與醃料:

¾ 磅	三文魚柳	375 克
1 湯匙	薑汁	15 毫升
¼ 茶匙	鹽	1 毫升
2 茶匙	粟粉	10 毫升
1 隻	蛋白，輕輕打散	1 隻
1 至 2 扎	葱，只用青綠色部份	1 至 2 扎
2 包	3.5安士/100克金菇包裝	2 包

調味料:

1 湯匙	生抽	15 毫升
3 湯匙	雞上湯 (第3頁)	45 毫升
1 茶匙	麻油	5 毫升
2 湯匙	廚酒	25 毫升
少許	糖	少許

1. 將三文魚切成2x4吋/5x10公分長方片，與醃料調勻，醃十分鐘。
2. 青葱飛水30秒，過冷河後，浸入冷水中。每塊魚片需用一條葱，預先準備多些，以免不足。
3. 修剪金菇硬蒂，分成與三文魚同等份扎數。
4. 將金菇捲入三文魚中，菇頭部份稍露在外。以青葱在魚卷外扎好，修剪美觀。將魚卷移放在抹了少許油的碟上。
5. 猛火蒸三分鐘，至魚肉熟透。如用微波爐，以保鮮紙蓋好，蒸二分鐘，打開保鮮紙，等候一分鐘即可。
6. 將調味料煮滾，淋上魚卷上，以芫茜飾面，即時上桌供食。

可供四人食用

每一份量供給:

	熱量	210
克	醣	7
克	蛋白質	26
克	脂肪	8
克	飽和脂肪	2
毫克	膽固醇	48
克	纖維	微量
毫克	鹽	452
毫克	鉀	629

優: 維他命 D；菸鹹酸；維他命 B-12

良: 維他命 E；核黃素；維他命 B-6

川椒三文魚 Salmon with Szechuan Pepper

父母親有一味喜愛的家鄉小菜。我將雞的材料改為三文魚。家鄉菜用油炸珍珠香菜伴碟。這裡選了少油少鹽的豆芽、豆苗，與大家分享。

三文魚與醃料:

¾ 磅	三文魚柳，切塊	375 克
1 茶匙	老抽	5 毫升
1 茶匙	蠔油	5 毫升
1½ 茶匙	生抽	7 毫升
½ 茶匙	胡椒粉	2 毫升
½ 茶匙	麻油	2 毫升
2 茶匙	粟粉	10 毫升
1 湯匙	清水	15 毫升

伴碟料:

1 杯	豆芽	250 毫升
1 杯	嫩豆苗	250 毫升
2 茶匙	川椒粒	10 毫升
1 湯匙	植物油	15 毫升
1 粒	蒜茸	1 粒
2 湯匙	乾葱茸	25 毫升
2 湯匙	廚酒	25 毫升
3 湯匙	雞上湯 (第3頁)	45 毫升
	半隻檸檬汁	

1. 三文魚與醃料拌勻，醃十分鐘。
2. 將豆芽、豆苗度淨。用冷開水沖洗瀝乾，拌勻。伴碟成圈狀。中間留位放三文魚。
3. 白鑊炒川椒至香脆，用刀邊壓碎備用。
4. 燒熱鑊，注油，將三文魚塊兩面各煎約一分鐘，放入川椒、蒜茸、乾葱碎炒三十秒，贊酒，煮至材料入味汁濃。將三文魚盛在碟中，搾以檸檬汁，趁熱上桌。

可供四人食用

每一份量供給:

	熱量	265
克	醣	15
克	蛋白質	28
克	脂肪	11
克	飽和脂肪	2
毫克	膽固醇	25
克	纖維	2
毫克	鹽	326
毫克	鉀	616

優: 維他命 D；菸鹼酸；維他命 B-6；葉酸；維他命 B-12

良: 硫胺素；核黃素；鐵

海鮮類

清蒸石斑

Steamed Whole Rockfish

全魚是中國新年必備的菜式。意味有頭有尾，年年有餘。除了用加西岸特產石斑，可嚐試用其他魚柳，魚扒，加薑葱清蒸。

3 條	葱	3 條
1½ 磅	原條石斑，洗淨，抹乾	750 克
1 湯匙	廚酒	15 毫升
2 湯匙	薑絲	25 毫升
1 湯匙	雞上湯	15 毫升
1 湯匙	生抽	15 毫升
1 茶匙	麻油	5 毫升
6 條	芫茜	6 條

1. 將葱的白色部份拍鬆，切開兩段，置於蒸碟中，上放石斑魚，灑以薑絲。
2. 將另一條葱切葱花備用。
3. 將雞上湯，生抽，麻油等汁料煮滾。
4. 魚蒸熟後，棄去薑葱，轉放在另一鵝蛋形碟中，棄去薑葱魚水，魚上灑以葱花，將滾熱汁料淋在魚上，飾以芫茜，趁熱進食。

可供四人食用

每一份量供給:

	熱量	155
克	醣	1
克	蛋白質	28
克	脂肪	3
克	飽和脂肪	1
毫克	膽固醇	49
克	纖維	0
毫克	鹽	346
毫克	鉀	628

優: 維他命 B-12

良: 菸鹹酸；維他命 B-6

蒸海鮮蛋卷

Steamed Seafood Pinwheels

自製魚滑，以魚柳、薑、胡椒粉、料酒放入攪拌機打至膠狀。加入一半三文魚，色澤較鮮明。若忌脂肪含量會較大，可以減少蛋黃份量，以取均衡。

1 磅	魚滑	1 磅
3 隻	冬菇，浸軟，洗淨，切細粒	3 隻
小許	植物油噴劑	小許
4 隻	大蛋，打散	4 隻

調味料:

1 湯匙	魚露	15 毫升
1 茶匙	蜜糖	5 毫升
1 隻	小紅椒，去籽，切碎	1 隻
半杯	雞上湯 (第3頁)	125 毫升
1 茶匙	麻油	5 毫升
1 茶匙	粟粉	5 毫升
2 湯匙	芫茜碎	25 毫升

1. 將魚滑與冬菇粒在大碗內拌勻。
2. 將調味汁在小碗內攪勻備用。
3. 將植物油噴在燒紅的易潔鑊上，一次煎2湯匙/25毫升蛋液，共做六張兩面微黃蛋皮，修成四方形，切出的蛋皮碎可拌入魚滑中。
4. 將魚滑分成六份，以一份塗勻在蛋皮上，只留下最上1吋/2.5厘米部分不塗魚滑，由下向上捲實，封口向下，排放碟上。
5. 將海鮮蛋卷蒸十分鐘後，冷卻，切成半吋/1厘米長度，排列整齊。將調味料煮滾，拌入芫茜，淋上面即成。

可供四人食用

魚滑製法：

將一磅紅魚肉切好，加上兩湯匙熱水，一隻蛋白，一湯匙蝦米茸，兩茶匙粟粉，和適量薑汁、葱碎、胡椒粉、鹽、廚酒等放入攪拌機，攪至幼滑即成。

每一份量供給:

	熱量	240
克	醣	8
克	蛋白質	32
克	脂肪	8
克	飽和脂肪	2
毫克	膽固醇	260
克	纖維	1
毫克	鹽	628
毫克	鉀	684

優: 維他命 D；維他命 C
核黃素；維他命 B-12

良: 維他命A；維他命B-6
葉酸；鋅

蒸比目魚生菜卷

Steamed Halibut and Lettuce Rolls

這道由椰菜捲變化的小菜，色香味營養都齊全。包捲的蔬菜可用生菜、紹菜、椰菜。魚柳方面，石斑、紅斑都可以，以新鮮為要。凡加放辣椒，先放一半份量，試過味道，再加定奪。

¾ 磅	比目魚柳	375 克
½ 茶匙	鹽	2 毫升

醃料:

2 茶匙	薑茸	10 毫升
1 茶匙	麻油	5 毫升
1 湯匙	廚酒	15 毫升
1½ 茶匙	粟粉	7 毫升
1 湯匙	雞上湯 (第3頁)	15 毫升

生菜卷材料:

12張	西生菜葉	12 張
2隻	鮮冬菇，每隻切開六片	2 隻
2湯匙	葱碎	25 毫升

調味料:

½ 杯	雞上湯	125 毫升
1 至 2 隻	細紅椒，去籽，切細絲	1 至 2 隻
1 茶匙	蒜茸	5 毫升
1 湯匙	蠔油	15 毫升
2 茶匙	粟粉	10 毫升
1 湯匙	清水	15 毫升
2 條	芫茜，飾碟用	2 條

1. 將比目魚柳切為十二份長條形。先以鹽調味。再加入醃料調勻醃十分鐘。
2. 生菜飛水約45秒至葉身稍軟，過冷河，瀝乾水，將生菜小心攤開，切去硬莖部分，放在碟上，蓋以濕布備用。
3. 魚卷做法：將魚條、冬菇片、葱碎放在生菜近底部。捲起生菜，包住材料，收摺兩邊，向中央方向捲成荷包形魚卷，摺口向下，放在碟中。重複做十二個。
4. 將魚卷隔水蒸四分鐘至熟。移放入另一暖碟上。
5. 將魚卷汁加入上湯煮滾，放入辣椒、蒜茸、蠔油、粟粉、清水煮二分鐘至汁液香濃為止。
6. 淋在魚卷上，以芫茜飾面，即時上桌供食。

可供四人食用

每一份量供給:

單位	項目	數量
	熱量	108
克	醣	5
克	蛋白質	14
克	脂肪	3
克	飽和脂肪	微量
毫克	膽固醇	3
克	纖維	1
毫克	鹽	335
毫克	鉀	481

優: 維他命 C；維他命 B-12

良: 維他命 A；維他命 D；菸鹼酸；維他命 B-6；葉酸

焗紅魚柳

Pan-roasted Snapper Fillets with Chinese Ratatouille

(參看第37頁圖片)

什錦伴盤材料:

1½ 茶匙	橄欖油	7 毫升
1 隻	中洋葱，切碎	1 隻
2 湯匙	薑粒	25 毫升
1 隻	茄子，切粒	1 隻
1 隻	毛瓜，去皮去籽，切粒	1 隻
2 杯	蕃茄粒	500 毫升
1 湯匙	蒜茸	15 毫升
½ 杯	雞上湯 (第3頁)	125 毫升
¼ 茶匙	鹽	1 毫升
1 茶匙	糖	5 毫升
2 湯匙	葱碎	25 毫升

魚與醃料:

1 磅	紅魚柳，洗淨抹乾	500 毫升
½ 茶匙	鹽	2 毫升
½ 茶匙	胡椒粉	2 毫升
1 湯匙	粟粉	15 毫升
1½ 茶匙	植物油	7 毫升

1. 預熱焗爐華氏400度/攝氏200度。
2. 燒熱鑊，注入橄欖油，以中火爆炒洋葱、茄子、毛瓜二分鐘。
3. 加入蒜茸、蕃茄和雞上湯，加蓋煮滾，再以文火煮五分鐘。以鹽、糖調味。離火，拌入葱碎，盛出碟中，保暖。
4. 在一碗中，將鹽、胡椒粉及粟粉混好，魚柳逐件放入沾勻。
5. 用一可放入焗爐的易潔鑊，將魚柳兩面各煎一分鐘，然後移入預熱的焗爐裡焗五分鐘。取出後，將紅魚柳排放在什錦菜蔬上，趁熱蘸點醬料進食。

可供四人食用

蘸點醬料:

這裡介紹一款帶些中國風味的Pesto醬蘸點烤魚、烤雞，味道很好，做法也很簡單。
將2湯匙/25毫升雞上湯，2粒蒜頭，半杯/125毫升烤香核桃，半杯/125毫升芫茜一同在攪拌機打成糊狀，加入少量鹽與胡椒粉調味即成。每湯匙份量含有4克飽和脂肪，要適量享用。

每一份量供給:

	熱量	167
克	醣	14
克	蛋白質	18
克	脂肪	5
克	飽和脂肪	1
毫克	膽固醇	28
克	纖維	4
毫克	鹽	441
毫克	鉀	809

優: 維他命 B-12
良: 纖維; 維他命 B-6; 葉酸

辣醬鮮魷 Squid with Hot Bean Sauce

如不嗜辣，可用磨豉醬代替紅椒及辣醬。如煮得太辣，可增加少許醋的份量 。

1 磅	鮮魷，洗淨	500 克
1 茶匙	胡椒粉	5 毫升
1 湯匙	粟粉	15 毫升

調味料:

¼ 杯	雞上湯 (第3頁)	50 毫升
1½ 茶匙	粟粉	7 毫升
1½ 茶匙	生抽	7 毫升
2 茶匙	糖	10 毫升
1½ 茶匙	黑醋	7 毫升
2 湯匙	植物油	10 毫升
½ 茶匙	麻油	2 毫升
5 片	薄薑片	5 片
1 湯匙	蒜茸	15 毫升
1 隻	小洋葱	1 隻
½ 茶匙	五香粉	2 毫升
1 隻	小紅椒，去籽，切碎	1 隻
1½ 茶匙	辣醬	7 毫升
1 隻	青西椒，切粒	1 隻
1 隻	紅西椒或黃西椒，切粒	1 隻
1 湯匙	廚酒	15 毫升

1. 在鮮魷外皮劃交叉花紋，再切成2吋/5厘米大小。與胡椒粉、粟粉拌勻備用。
2. 燒熱油，爆炒鮮魷至捲成花枝狀，盛出灑上麻油備用。
3. 將薑片、蒜茸、洋葱、紅椒以及五香粉、辣醬加入鑊中，爆炒30秒。
4. 再加入青紅西椒、料酒略炒，注入汁料，煮至汁濃。
5. 將鮮魷回鍋兜炒拌勻，便可盛出，趁熱進食。

可供四人食用

每一份量供給:

	熱量	194
克	醣	13
克	蛋白質	21
克	脂肪	6
克	飽和脂肪	微量
毫克	膽固醇	微量
克	纖維	2
毫克	鹽	2621
毫克	鉀	174

優: 維他命 A; 維他命 C
良: 鐵

香辣蒜茸蝦

Spicy Garlic Prawns

記得那一年生日，首次到香港仔海鮮舫吃晚飯。那裡有一排大木桶，裝載著各式游水海鮮。在大光燈照明下，我揀了六吋長的鮮蝦。時至今日，仍難忘那結實又鮮甜的美味蝦肉。以下介紹游水鮮蝦做法。如果買到鮮明雪藏蝦，依法泡製，味道也不錯。

貝類與膽固醇:

一般貝類所含膽固醇量，並不如傳說中認為是人體膽固醇的主要來源。貝類中以蝦含膳食膽固醇較多，但每100克/3.5安士蝦只含2克脂肪，脂肪量是相當低的。如果您關心身體血膽固醇（主要受食物中脂肪總含量，特別是飽和脂肪所左右），最好留意每餐脂肪量的吸收，多於計較食物裡膽固醇的數量。

調味料:

¼ 茶匙	鹽	1 毫升
1 茶匙	生抽	5 毫升
3 湯匙	清水	45 毫升
2 湯匙	廚酒	25 毫升

1 磅	老虎蝦	500 克
1 湯匙	植物油	15 毫升
6 粒	蒜子，切碎	6 粒
1 茶匙	紅椒碎	5 毫升

1. 將調味料調勻，備用。
2. 用廚剪將蝦鬚、蝦腳修短。蝦頭部分，在蝦眼後剪齊。又由蝦背順而剪下，挑去蝦腸，沖淨抹乾。
3. 燒紅鑊，注油，爆香蒜茸、紅椒碎。放入蝦隻，煎約二分鐘至兩面金黃。
4. 注入調味汁料，煮三分鐘至蝦肉全熟，即時上碟，趁熱進食。

可供四人食用

每一份量供給:

	熱量	154
克	醣	3
克	蛋白質	23
克	脂肪	4
克	飽和脂肪	微量
毫克	膽固醇	170
克	纖維	微量
毫克	鹽	220
毫克	鉀	33

良: 鐵

韮菜花芽菜炒青口

Stir-fried Mussels with Chinese Chives and Bean Sprouts

青口要揀選大隻的較為肥美。貝殼鬆開的就不要用了。有一種紐西蘭雪藏熟青口，品質不錯，而且省去以下第一步驟。

1杯	白酒	250毫升
3片	薑片	3片
1條	葱，拍扁，切段	1條
2磅	連殼青口，擦淨，除去鬚狀物體	1公斤
2茶匙	粟粉	10毫升
1湯匙	辣豆瓣醬	15毫升
2茶匙	蒜茸	10毫升
1湯匙	紅葱頭，切粒	15毫升
4隻	大冬菇，浸透，洗淨，切絲	4隻
1扎	韮菜花，切2吋/5厘米段	1扎
1隻	紅西椒，去籽，切絲	1隻
4杯	豆芽	1公升

1. 在一大煲，將白酒煮滾，加入青口、薑、葱，約煮2分鐘，稍為搖動煲身，使火力均勻。小心不可過熟。
2. 青口去殼，青口肉放入濾出湯酒汁內待冷。在另一小碗，將粟粉與部分湯酒汁，約四分一杯/50毫升，調勻備用。
3. 以中火將豆瓣醬、蒜茸和紅葱頭爆香，再加入冬菇、韮菜和紅西椒，略炒一分鐘。
4. 濾出青口肉，加入鑊中與素菜拌炒，倒入粟粉湯酒汁續炒一分鐘至汁液收濃。
5. 加入豆芽，爆炒一分鐘，即可盛出上桌進食。

可供四人食用

每一份量供給:

	熱量	146
克	醣	14
克	蛋白質	11
克	脂肪	5
克	飽和脂肪	1
毫克	膽固醇	16
克	纖維	3
毫克	鹽	429
毫克	鉀	473

優: 鐵；維他命 C；葉酸；維他命 B-12

良: 維他命A；維他命D 纖維;硫胺素；核黃素；鋅

松香帶子

Pan-fried Scallops with Pine Nuts

我十分喜愛帶子，尤其嚮往扇貝類。舍下附近餐館經常奉以蝦醬上菜。在這裡我們提倡健心食譜，以檸檬汁代之。

1 湯匙	植物油	15 毫升
3 湯匙	松子	45 毫升
½ 磅	大帶子	250 克
6 片	薑片	6 片
3 粒	茸粒	3 粒
1 隻	紅蘿蔔，切薄片	1 隻
½ 磅	雪豆，洗淨去筋	250 克
2 湯匙	廚酒	25 毫升
¼ 杯	雞上湯 (第3頁) 或素上湯 (第4頁)	50 毫升
2 茶匙	魚露	10 毫升
1½ 茶匙	栗粉	7 毫升
1 湯匙	檸檬汁	15 毫升

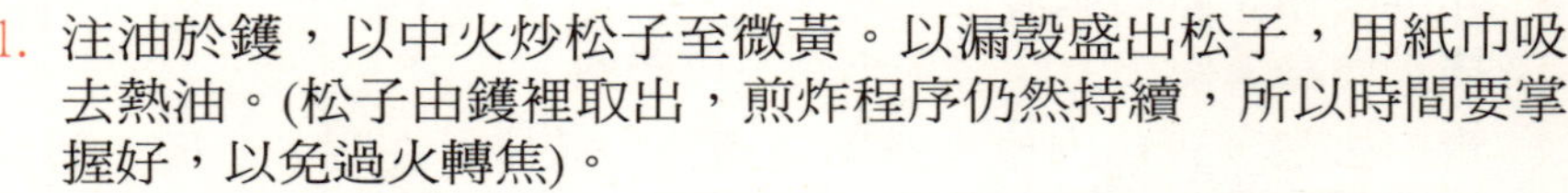

1. 注油於鑊，以中火炒松子至微黃。以漏殼盛出松子，用紙巾吸去熱油。(松子由鑊裡取出，煎炸程序仍然持續，所以時間要掌握好，以免過火轉焦)。
2. 開高火，放下帶子，兩面約煎30秒至呈金黃色，盛出備用。
3. 以中火爆香蒜茸、紅蘿蔔、雪豆，翻炒約一分鐘。贊酒，及加入2湯匙/25毫升上湯煮一分鐘。
4. 將餘下雞上湯加入魚露、栗粉，調勻成調味汁料，注入鑊中煮滾。
5. 加入帶子、松子，翻炒30秒至汁液轉濃。灑入少許檸檬汁，拌勻即可上碟進食。

可供四人食用

每一份量供給：

	熱量	188
克	醣	9
克	蛋白質	12
克	脂肪	12
克	飽和脂肪	2
毫克	膽固醇	20
克	纖維	3
毫克	鹽	477
毫克	鉀	400

優: 維他命 A；維他命 B-12

良: 硫胺素；維他命 E；纖維

茶葉燻海鮮 Tea-smoked Seafood

(參看第38頁圖片)

以茶葉煙燻食物，源自四川雲南一帶。當地以煙燻雞鴨家禽為多。以下的菜譜，以中國東部醃料調味，西南省份的煙燻方法，再配以廣東地區流行的蘸料，是一種新食法。

海鮮與醃料:

2 條	葱，切成四段	2 條
5 片	薑片	5 片
3 湯匙	生抽	45 毫升
1 湯匙	廚油	15 毫升
2 茶匙	糖	10 毫升
½ 茶匙	五香粉	2 毫升
1 磅	海鮮 (蝦肉，帶子，魚柳塊)	500 克

蘸料:

⅓ 杯	脫脂酸乳酪 (skim milk yogurt)	75 毫升
⅓ 杯	1% 牛油奶 (buttermilk)	75 毫升
¾ 杯	蜜瓜及香瓜，切成細粒	175 毫升

茶葉燻料:

½ 杯	生米	125 毫升
½ 杯	茶葉	125 毫升
½ 杯	白糖	125 毫升

1. 將葱，薑拍扁，置於深碟中，加入其他醃料調勻醃二十分鐘。
2. 蘸料調勻備用。
3. 錫紙放在鑊底，加入煙燻材料，上放一個掃了油鐵架，將鑊蓋蓋緊。
4. 開中火加熱，使煙繼續冒起四分鐘。(如在室內烹煮要開抽油煙機。在戶外用燒烤爐，請參看右邊旁述介紹)。
5. 當煙持續上升，將海鮮放上鐵架，加蓋，海鮮兩面各燻煮三分鐘即可。無論冷熱與蘸料同進食均佳。

可供六人食用

燒烤爐煙燻:

在戶外燒烤爐上燻煮食物，頗為理想。將有煙燻料錫紙的鑊放在燒紅的炭火上，食物排放在燒烤架。可免在屋內受燻煙瀰漫之苦。

每一份量供給:

	熱量	144
克	醣	7
克	蛋白質	25
克	脂肪	1
克	飽和脂肪	微量
毫克	膽固醇	170
克	纖維	微量
毫克	鹽	542
毫克	鉀	139

良: 鐵

煎烙生蠔烤茄汁

Pan Seared Oysters

煎烙生蠔，必須用燒紅熱鑊，將海鮮原汁封住。注意如果煮得太過熟，會失去蠔肉鮮嫩特質。

1 茶匙	植物油	5 毫升
24 隻	中生蠔，去殼，洗淨，抹乾	24 隻
1 份	烤蕃茄海鮮醬 (下半頁)	1 份

1. 注油於燒紅鑊中。
2. 至起煙，加入生蠔，急炒三十秒。
3. 加入烤蕃茄海鮮醬，煮多三十秒。盛出，趁熱上桌。

可供六人食用

烤蕃茄海鮮用醬 Roasted Tomato Seafood Sauce

¾ 杯	蕃茄 (約八只)	175 毫升
½ 茶匙	蒜茸	2 毫升
1 茶匙	青檸汁	5 毫升
1 茶匙	辣根醬 (horseradish)	5 毫升
¼ 茶匙	黑椒粉	1 毫升

1. 將蕃茄在火中燒烤，至外皮呈微黑色。待冷。
2. 烤蕃茄與其他材料混合一起。
3. 用刀切碎，或用攪拌機打碎均可。

可得3/4杯/175毫升蕃茄醬。與各類海鮮烹煮均頗合韻。

辣根醬(horseradish)**:** 辛辣的辣根原產自歐陸。現在北美洲也有種植。在市場購買新鮮辣根，要揀選堅實的，去了皮後，才可磨碎做醬料。

每一份量供給:

	熱量	262
克	醣	17
克	蛋白質	29
克	脂肪	8
克	飽和脂肪	2
毫克	膽固醇	152
克	纖維	微量
毫克	鹽	326
毫克	鉀	534

優: 維他命 D；核黃素；維他命 B-12；鐵；鋅

良: 維他命 A；維他命 C 菸鹹酸

沙爹牛肉炒小白菜，第87頁>

BRAND

香濃豉椒蟹

Spicy Black Bean Crab

中國食品材料及烹飪技巧，為加拿大美食界帶來豐富的蛻變。藉這一款菜，特別向早期引進中國烹飪術的先驅者，致以敬意。

調味料:

2 湯匙	豆豉 (浸洗，瀝乾水份)	25 毫升
1 湯匙	蒜茸	15 毫升
1 湯匙	薑茸	15 毫升
1/4 杯	些里酒	50 毫升
1/2 茶匙	辣椒粒	2 毫升

煮蟹材料:

2 隻	大隻，生猛蟹	2 隻
1 湯匙	植物油	15 毫升
1 1/2 杯	清水	375 毫升
1 湯匙	粟粉	15 毫升

1. 在一碗中，將調味汁料拌勻，備用。
2. 除開蟹蓋，清洗乾淨。
3. 對切開半，每邊再切開三件。
4. 將蟹鉗，蟹腳拍扁，以便烹煮入味。
5. 注油於燒紅鑊，加入蟹件，翻炒五分鐘，至蟹殼轉紅。
6. 盛出蟹件，倒入調味汁料，約煮三十秒。
7. 將粟粉，清水在碗中調勻，加入鑊裡，與汁料煮成濃汁。
8. 蟹件回鑊，加蓋煮五分鐘，拌勻汁料，即時上桌供食。

可供六人食用

每一份量供給:

	熱量	153
克	醣	4
克	蛋白質	23
克	脂肪	4
克	飽和脂肪	微量
毫克	膽固醇	78
克	纖維	微量
毫克	鹽	446
毫克	鉀	445

優: 維他命 B-12

良: 菸鹼酸；葉酸

< 日式肉片炒雪豆，第96頁

海參燴豆角

Sea Cucumber & Yard Long Beans

頭一次吃海參，是在準外母家中，我得承認當初由於從未試過類似食物，對海參有些抗拒。但如今我非常喜愛它。所以說要多多嚐試各類食物，否則會錯過很多美味佳餚。

市面常有已浸發好的海參，不妨取用，以求方便。

2 隻	乾海參	2 隻
12 杯	冷水	3 公升
6 片	薑	6 片
2 隻	葱，拍扁	2 隻
2 湯匙	些厘酒	25 毫升
1 茶匙	植物油	5 毫升
1 杯	洋葱茸	250 毫升
2 湯匙	蒜茸	25 毫升
2 湯匙	薑茸 (第二份)	25 毫升
¼ 杯	些厘酒 (第二份)	50 毫升
½ 茶匙	辣椒粒	2 毫升
2 杯	雞濃上湯 (第3頁)	500 毫升
1 磅	豆角，2吋/5厘米長	500 克
1 湯匙	蠔油	15 毫升

1. 用鉗夾住海參在火面燒去外皮的石灰質。
2. 以冷水蓋面，煲滾後，再煮 5分鐘。
3. 瀝乾水，再重覆第二步驟兩次。
4. 以冷水浸一日。
5. 取出海參，清理腸肚及外皮。
6. 將海參放入煲中，加冷水、薑、葱和酒以中火煮滾，再以文火煮1至2小時至稔，取出海參待冷。
7. 將海參開半，切成1/2吋/1厘米海參片。
8. 燒紅鑊加油，爆炒薑、葱、洋葱至微黃。
9. 加入海參片，煮3分鐘至入味。
10. 贊酒，放入紅椒及濃雞湯，加蓋，慢火煮 10分鐘。
11. 加入豆角，煮 3分鐘至稔。
12. 拌入蠔油，即時盛出上桌。

可供六人食用

每一份量供給:

	熱量	252
克	醣	10
克	蛋白質	44
克	脂肪	3
克	飽和脂肪	微量
毫克	膽固醇	101
克	纖維	3
毫克	鹽	650
毫克	鉀	239

優: 維他命 D；菸鹼酸；維他命 B-6；維他命 B-12；葉酸

良: 維他命 C；硫胺素；核黃素；鈣；鐵；鋅

咖喱椰奶烤雙龍蝦

Baked Twin Lobsters in Coconut Curry

相識之中，似乎無人不愛龍蝦。這裡介紹一款有泰國風味的主菜，可作為筵席中的台柱。

2 隻	中龍蝦	2 隻
1 杯	罐裝椰奶，脫脂	250 毫升
1 支	香茅切細 (或 2茶匙/10毫升檸檬汁)	1 支
5 片	檸檬葉切絲 (或 2茶匙/10毫升檸皮茸)	5 片
2 至 3茶匙	咖喱粉	10 至 15 毫升
2 湯匙	洋葱碎	25 毫升
1 茶匙	蒜茸	5 毫升
½ 杯	麵包糠	125 毫升

調味料:

1 湯匙	魚露	15 毫升
1 湯匙	白蘭地酒	15 毫升
3 湯匙	雞上湯 (第3頁)	45 毫升
2 茶匙	粟粉	10 毫升

飾碟料:

5 至 6 片	新鮮薄荷葉，切絲	5 至 6 片
1 隻	紅辣椒，切絲	1 隻

1. 預熱焗爐至華氏400度/攝氏200度。將兩隻龍蝦左右切開等邊，拍扁雙鉗。將龍蝦肉取出，切塊放回殼裡，將龍蝦，胸肉向上排在焗盤上。暫置一邊。
2. 將椰奶煮滾，加入香茅粒，檸檬葉及咖喱粉，文火煮大約5分鐘。隔渣留汁。
3. 將汁液回鍋，加入洋葱，蒜茸約煮3分鐘。
4. 加入調味汁料，煮成濃汁。
5. 將濃汁小心淋在開半龍蝦上，灑以麵包糠，放進焗爐焗10至12分鐘至龍蝦肉結實呈白色。
6. 取出焗盤，將龍蝦移放在一乾淨碟，灑以薄荷葉絲及椒絲，即時上桌供食。

可供六人食用

脫脂椰奶：

將椰奶全罐放入雪櫃冷卻。開罐後，濾出椰奶，撇去凍硬的椰油膏，便成低脂肪的脫脂椰奶。

每一份量供給:

	熱量	234
克	醣	14
克	蛋白質	19
克	脂肪	11
克	飽和脂肪	9
毫克	膽固醇	59
克	纖維	3
毫克	鹽	791
毫克	鉀	426

優: 維他命 B-12
良: 纖維；鈣；維他命 C

材料方面可以選擇不同海鮮替換。新鮮實肉的各類白魚都可以入饌。

海鮮三寶傳統式料理

Three Seafood Traditional Preparation

加拿大烹飪反映出多元文化的組合。這款法式菜，美食界至為推祟，認為是雅宴中之佳餚主角。我們試味組同仁亦一致贊同這款健心菜譜鮮香美味，味道頂呱呱。

	植物油噴劑	
3隻	龍蝦，煮熟，拆肉	3隻
12隻	大蝦，除殼，挑腸	12隻
12隻	大帶子，去皮殼	12隻
2湯匙	些厘酒	25毫升
1安士	意大利乾酪粉 (parmesan cheese)	30毫克
1款	海鮮醬汁(第69頁)	1款

1. 預熱焗爐，至華氏400度/攝氏200度。
2. 將已放尿、洗淨龍蝦放入滾水，烚至殼色轉鮮紅，取出待冷。
3. 龍蝦從中開邊，取出龍蝦肉，又拆出雙鉗淨肉，共得約半磅/250克。鮮龍蝦肉全部切一吋/2.5公分四方粒。外殼沖淨留用。
4. 開高火，噴一層植物油上鑊面，爆炒大蝦、帶子約20秒，再加入龍蝦粒，快手炒20秒。
5. 贊酒，離火。
6. 海鮮醬汁倒入鑊中，與海鮮三寶拌勻。
7. 將海鮮齊整排放入龍蝦外殼內，上面灑以意大利乾酪粉。移放焗盤上。
8. 將焗盤放入預熱焗爐，焗十分鐘即成。

可供六人食用

西式海鮮醬汁 *Seafood Thermidor Sauce*

醬汁料:

3 杯	鮮味魚上湯 (第6頁)	750 毫升
¼ 茶匙	咭汁 (worcestershire sauce)	1 毫升
¼ 茶匙	辣醬 (tabasco)	1 毫升
½ 茶匙	黑椒粉 (cracked black pepper)	2 毫升
½ 茶匙	芥末粉 (dry mustard)	2 毫升
¼ 杯	粟粉	50 毫升
½ 杯	些厘酒	125 毫升
1 杯	低脂肪 4% 白 cheddar 芝士粉	250 毫升

1. 將魚上湯、咭汁、辣醬、黑椒粉及芥末粉等材料，放入湯煲，以中火煮至慢滾五分鐘。
2. 轉高火，煮至沸滾。
3. 在一碗中，加入粟粉、些厘酒獻汁料，拌勻，輕注入滾汁內，煮五分鐘。其間攪拌，使濃度一致。
4. 離火，加入白芝士粉，攪拌至完全溶於醬汁裡即成。

每一份量連醬汁供給:

	熱量	281
克	醣	10
克	蛋白質	36
克	脂肪	8
克	飽和脂肪	4
毫克	蛋固醇	110
克	纖維	微量
毫克	鹽	779
毫克	鉀	565

優: 維他命 B-12；鈣；鋅
良: 維他命 A

薑葱奶油蟹

Crab with Ginger and Scallion Cream

頭一趟在溫哥華唐人街吃螃蟹，使用筷子，模樣十分尷尬。餐館女店主好心指點我可持螯大快朵頤。至今仍感激她的好意。

調味汁：

3 湯匙	薑茸	45 毫升
2 湯匙	蒜茸	25 毫升
1/2 杯	洋葱茸	125 毫升
1/2 杯	白酒	125 毫升
1/4 茶匙	白胡椒	1 毫升
2 杯	鮮味魚上湯 (第6頁)	500 毫升
1/2 杯	脫脂淡奶 (evaporated skim milk)	125 毫升
2 湯匙	粟粉	25 毫升

2 茶匙	植物油	10 毫升
2 隻	蟹	2 隻
1/2 杯	葱花	125 毫升

1. 燒紅鑊，將薑蒜、洋葱、白酒及胡椒煮滾，猛火煮至汁液將近收乾。
2. 注入魚上湯，中火煮五分鐘。
3. 在一小碗，將粟粉，脫脂淡奶調匀，倒入汁中打獻，煮五分鐘至濃度一致，置於一旁，備用。
4. 注油於熱鑊至起煙，加入蟹件，炒至殼色轉紅（約兩分鐘）。
5. 加汁料入鑊，中火煮五分鐘（加蓋）
6. 放入葱花，兜匀即時上碟進食。

可供六人食用

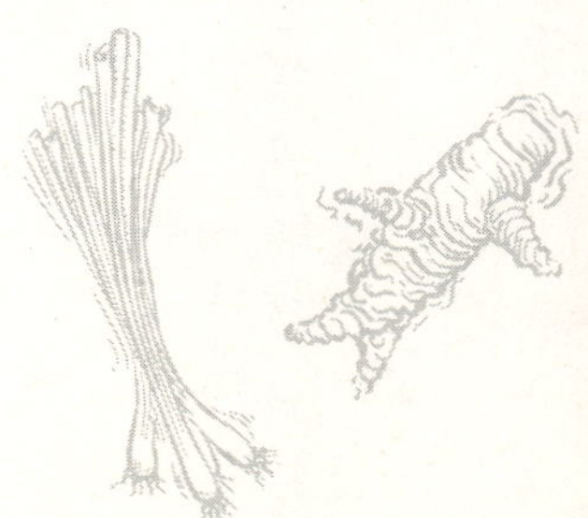

清理蟹：

用布包住蟹腳，將蟹蓋由後旁向前揭開，清除蟹腸蟹肺，及蟹中心一塊六角形小肉塊。以毛刷擦洗殼邊積泥。由中間切開兩邊，每邊分切三塊。蟹鉗及腳拍扁，即可烹煮。

脫脂奶油，這名詞多麼自相矛盾，但用來煮薑葱蟹，既合營養，外觀與味道又很好。如果喜歡，可贊些酒，增加香味。

每一份量供給:

	熱量	188
克	醣	10
克	蛋白質	25
克	脂肪	3
克	飽和脂肪	微量
毫克	膽固醇	79
克	纖維	1
毫克	鹽	421
毫克	鉀	595

優: 維他命 B-12；鋅

良: 核黃素；菸鹹酸；鈣

檸檬鴨湯

Lemon Duck Soup

這款湯令人重溫舊時的日子。以下介紹的簡易鴨絲湯羹，伴以全麥包，帶給您一頓豐富高纖維素晚餐。

1 隻	3磅/1.5公斤鴨	1 隻
1/2 個	檸檬	1/2 個
20 粒	黑胡椒粒	20 粒
5 瓣	丁香葉 (cloves)	5 瓣
12 杯	冷水	12 杯

調味料：

1 茶匙	生抽	5 毫升
1 茶匙	麻油	5 毫升
1 茶匙	鮮辣椒醬（第9頁）	5 毫升
2 湯匙	速成濃湯（第2頁）	25 毫升
1/4 茶匙	蒜茸	1 毫升
1 杯	紅蘿蔔，切絲	250 毫升
1 杯	青瓜，切絲	250 毫升

1. 鴨去皮和肥膏，切開四件，沖淨。最好飛水兩分鐘，瀝乾，湯水較為清澈。
2. 將檸檬、黑胡椒粒及丁香葉放入湯料袋，扎好，作香料袋。
3. 將冷水、鴨件及香料袋一齊放入大煲，開蓋以文火煮沸，撇去浮泡。再轉慢火煲二至二個半小時，直至鴨肉軟滑香脸。
4. 將鴨及香料袋取出。鴨肉去骨切絲，香料袋棄去不用。湯面浮油，盡量撇去。最簡易去油脂的方法是冷藏一夜，便可將湯面上凝結的脂肪撇去。
5. 在一大碗，將蒜茸、麻油、生抽與濃上湯調勻。加入鴨絲、紅蘿蔔、青瓜絲拌好。平分在各個人碗中，然後將滾湯沖入碗內即可上桌供食。或以葱花、薄荷葉絲加入淨湯，鴨絲、紅蘿蔔和青瓜絲另裝碟上桌亦可。

可供八人食用

鴨脂肪：

鴨子是相當肥的飛禽。所以要注意烹煮前將肥膏盡量切去。鴨湯早一日準備好，放入冰箱隔一夜，便可完全除去表面凝結的脂肪，使鴨湯不致太肥膩。

每一份量供給:

	熱量	210
克	醣	7
克	蛋白質	21
克	脂肪	11
克	飽和脂肪	4
毫克	膽固醇	76
克	纖維	3
毫克	鹽	116
毫克	鉀	332

優: 維他命 A；核黃素；鋅

良: 纖維；維他命 E；硫胺素；菸鹹酸；維他命 B-12；鐵

雞肉鬆生菜包

Chopped Chicken in Lettuce Wrap

菜譜源自年菜的蠔豉鬆生菜包。

聖誕期間，利用火雞肉烹調是個好主意。

4 隻	冬菇	4 隻
1 包	2安士/60克粉絲，浸軟，切碎	1 包

雞醃料：

1 磅	淨雞胸肉，切粒	500 克
1/2 茶匙	胡椒粉	2 毫升
1 茶匙	廚酒	15 毫升
1 1/2 茶匙	粟粉	7 毫升

1 湯匙	植物油	15 毫升
1 隻	細洋葱，切粒	1 隻
1 杯	紅蘿蔔，切粒	250 毫升
1 杯	百加利莖，去皮，切粒	250 毫升
8 粒	馬蹄，去皮，切粒	8 粒
1/2 杯	速成濃湯（第2頁）	125 毫升
1 茶匙	生抽	5 毫升
1 湯匙	海鮮醬	15 毫升
1 茶匙	麻油	5 毫升
2 湯匙	芫茜碎	25 毫升
12 張	生菜葉	12 張

1. 冬菇、粉絲分別浸軟，沖淨。冬菇切粒，粉絲切碎，待用。將雞及醃料調勻，醃十分鐘。
2. 燒熱油，猛火爆炒洋葱及雞粒約1分鐘。
3. 改中火，加入冬菇，紅蘿蔔，百加利莖粒，約炒2分鐘。
4. 再放入馬蹄粒、粉絲碎、濃湯、生抽、海鮮醬、麻油等，兜炒至素菜香稔入味，汁液吸乾。離火，拌入芫茜碎。
5. 將雞肉鬆盛上大碟，生菜另置於一小碟上桌。各人自助，捲起雞肉鬆生菜包進食。

可供六人食用

雞肉簡易切法：

將鮮肉放入冰櫃半小時後，取出切絲或切粒都較容易。

生菜除葉法：

將生菜心向上，用小刀將心與葉根部分切斷，取出生菜心，注入冷水，即可輕易剝出完整的生菜葉。

每一份量供給：

	熱量	191
克	醣	19
克	蛋白質	17
克	脂肪	5
克	飽和脂肪	1
毫克	膽固醇	42
克	纖維	2
毫克	鹽	229
毫克	鉀	440

優: 維他命 A；菸鹼酸

良: 維他命 C；葉酸；維他命 D；維他命 B-6

雞絲西洋菜甜柚沙律

Warm Chicken, Watercress and Pomelo Salad

當造的中國及泰國柚子、香甜多汁，提供健康的維他命及纖維，加上雞絲的熱量、西洋菜的葉綠素，很適合接受西方飲食文化的讀者們一試。

調味汁料：

2湯匙	青檸汁	25毫升
4茶匙	魚露	20毫升
1湯匙	黃糖	15毫升
1/4 杯	雞上湯 (第3頁) 或素上湯 (第4頁)	50毫升
2粒	蒜粒	2粒
1隻	細紅椒，去籽切絲	1隻
1支	香茅，鮮嫩部份，切斜片	1支
1扎	西洋菜，洗淨，度短	1個
1個	柚子，或2個西柚，去皮起肉切大丁	1磅
1磅	雞胸肉，去皮去骨	500克
1 1/2 茶匙	橄欖油	15毫升

1. 將調味汁料調勻，待用
2. 西洋菜洗淨，分放在四隻碟上。柚子肉圍放在西洋菜上。
3. 將雞胸肉切絲。燒熱油，猛火爆炒至金黃。
4. 注入調味汁料，煮滾，燴煮入味。
5. 將雞肉及汁料，分別淋上每碟西洋菜上，即成。

可供四人食用。

柚子：

選購柚子揀重身、外皮有光澤，又帶柚皮芬香味者為佳。

每一份量供給：

	熱量	214
克	醣	17
克	蛋白質	26
克	脂肪	5
克	飽和脂肪	1
毫克	膽固醇	67
克	纖維	3
毫克	鹽	579
毫克	鉀	585

優: 維他命 C；菸鹼酸；維他命 B-12

良: 纖維；維他命 B-6

香芒炒雞片

Stir-Fried Chicken With Mango

這款菜式得到我們試味組朋友們一致稱讚。推舉為本書封面插圖。新派中菜將鮮果入饌，選用鮮果如桃、荔枝烹調會帶來不同滋味。

雞醃料：

3/4 磅	淨雞胸肉，切片	375 克
1 1/2 茶匙	生抽	7 毫升
1/4 茶匙	鹽	1 毫升
少許	白胡椒	少許
1 茶匙	粟粉	5 毫升

調味料：

2 茶匙	醋	10 毫升
1 1/2 茶匙	茄汁 (ketchup)	7 毫升
1 1/2 茶匙	糖	7 毫升
2 湯匙	清水	25 毫升

1 粒	八角	1 粒
1 湯匙	植物油	15 毫升
1 湯匙	薑茸	15 毫升
1 茶匙	蒜茸	5 毫升
1 粒	乾葱頭，切碎	1 粒
半隻	青西椒，切絲	半隻
半隻	紅西椒，切絲	半隻
2 隻	大芒果，去皮取肉，切片	2 隻
16 粒	芝麻糖核桃	16 粒
2 條	芫茜	2 條

1. 雞絲放入醃料，調拌好，醃30分鐘。
2. 調味料拌勻，待用。
3. 將八角拆開，棄去木質中部，用刀背將八角籽壓碎。
4. 燒熱油，炒香八角籽碎，加入雞片約炒3分鐘，至雞肉轉白色。爆香薑、蒜和乾葱頭，加入青、紅西椒略炒一分鐘。
5. 加調味料炒至汁濃，加入芒果，略炒1分鐘至熱透。
6. 以芝麻糖核桃及芫茜碎飾面，趁熱上桌。

可供四人食用。

芝麻糖核桃

將核桃肉放入清水煮滾兩分鐘，瀝乾，捲入煮厚的糖漿，再濾出多餘糖漿，然後舖平在烤盤的錫紙上，放入烤爐烤至金黃，取出倒入盛有炒香芝麻大碗中，蘸滿芝麻，待冷即成香脆口果。

每一份量供給：

	熱量	269
克	醣	26
克	蛋白質	21
克	脂肪	10
克	飽和脂肪	1
毫克	膽固醇	50
克	纖維	4
毫克	鹽	330
毫克	鉀	420

優： 維他命 A；維他命 C；菸鹹酸

良： 纖維；維他命 E；維他命 B-6；葉酸

橙香鵪鶉

Grilled Quails with Orange

家裡廚房不夠寬大，戶外的燒烤爐成了天賜的恩澤，早一晚醃好的鵪鶉，在戶外燒烤，廚房裡可準備別樣小菜。

一隻鵪鶉作為頭盤正好。兩隻鵪鶉另加蔬菜及白飯可作正餐。

鵪鶉：

鵪鶉體積瘦小，食用前將較肥膩部分棄去，可連皮進食。

8隻	鵪鶉	8隻

醃料：

1湯匙	薑茸	15毫升
2條	葱，切碎	2條
3粒	蒜茸	3粒
3湯匙	生抽	45毫升
2茶匙	橙皮茸	10毫升
2湯匙	橙汁	25毫升
2湯匙	廚酒	25毫升
1/2茶匙	五香粉	2毫升
1茶匙	辣椒碎	5毫升
2湯匙	蜜糖或黃糖	25毫升
1隻	鮮橙，切片作飾碟用	1隻

1. 鵪鶉開邊去背骨頸骨，每邊用刀稍拍至扁平。
2. 以中火將醃料煮滾至糖完全溶化，待冷。
3. 將鵪鶉放入醃料拌勻，放入雪櫃醃2小時。
4. 燒烤爐開中火，爐架上抹上油，將鵪鶉取出，放上架上，醃汁留作掃肉汁上鵪鶉用。
5. 先燒鵪鶉帶皮一邊，每邊約燒三、四分鐘至金黃，其間掃醃汁及翻邊多次以免燒焦。上桌時，與第116頁的甜酸青瓜一齊進食，清熱又爽口。或將燒熟的鵪鶉放在舖上生菜絲的碟上，以橙片飾碟亦可。

可供八人為頭盤食用

每一份量供給:

	熱量	242
克	醣	8
克	蛋白質	22
克	脂肪	13
克	飽和脂肪	4
毫克	膽固醇	83
克	纖維	微量
毫克	鹽	445
毫克	鉀	301

優: 菸鹹酸；維他命 B-6；鐵

良: 硫胺素；核黃素；維他命 B-12

酸甜火雞粒

Hot and Sour Oven-fried Turkey with Candied Garlic Sauce

以下介紹的健康又簡單的做法，所得效果與油炸後的質感大致相同。

脆皮材料：

1/2 杯	壓碎粟米薄脆片 (cornflakes)	125 毫升
2 湯匙	粟粉	25 毫升
1/2 茶匙	胡椒粉	2 毫升
2茶匙	紅椒粉 (paprika)	10 毫升
1 磅	淨瘦火雞肉	500 克
1 隻	蛋白，打散	1 隻
	植物油噴霧劑	

調味料：

4 粒	蒜頭，切片	4 粒
5 湯匙	白糖	90 毫升
1/2 杯	白醋	125 毫升
1/2 茶匙	辣紅椒粒	2 毫升
1/4 杯	紅西椒，切絲	50 毫升

1. 預熱焗爐，開到400℃華氏/200℃攝氏。
2. 將脆皮材料調勻，備用。
3. 火雞切半吋/1厘米方粒。先拌入蛋白，再蘸以脆皮料。
4. 焗盤裡略噴一層植物油，將火雞粒排放好，放入焗爐焗廿分鐘，取出後，放置五分鐘。
5. 同時，以中火將調味料煮至汁濃，將火雞粒倒入拌勻。
6. 加入紅西椒，蓋煮1分鐘，即可上碟，趁熱進食。

可供四人食用

每一份量供給：

	熱量	355
克	醣	39
克	蛋白質	36
克	脂肪	6
克	飽和脂肪	2
毫克	膽固醇	86
克	纖維	1
毫克	鹽	240
毫克	鉀	461

良: 核黃素；菸鹹酸；維他命 B-6；維他命 B-12；鐵

咖喱雞煲

Curried Chicken and Roasted Root Vegetable Stew

半磅	薯仔，去皮	250 克
半磅	蕃薯，去皮	250 克
半磅	芋頭，去皮	250 克
1 湯匙	橄欖油	15 毫升
½茶匙	胡椒粉	5 毫升

調味醬：

1½ 杯	雞上湯（第3頁）	375 毫升
1 湯匙	咖喱粉	15 毫升
1 茶匙	五香粉	2 毫升
1½ 茶匙	生抽	7 毫升
1½ 茶匙	蠔油	7 毫升

¾ 磅	淨瘦雞肉，切成1吋/2.5厘米大小	375 毫升
¼ 茶匙	鹽	1 毫升
¼ 杯	麵粉	50 毫升
1½ 茶匙	植物油	7 毫升
3 片	薑片	3 片
1 個	洋葱，切片	1 個
2 粒	蒜頭，拍扁	2粒
2 條	葱，切段	2條

1. 焗爐開至華氏400度/攝氏200度
2. 將根類素菜切成1吋/2.5厘米方粒，與橄欖油、胡椒粉混合好，排放在焗盤焗廿五分鐘，其間翻轉幾次。
3. 將調味料調勻待用。
4. 雞粒加鹽調味。
5. 烹煮前，將雞粒均勻沾上麵粉。
6. 根類菜蔬焗好前五分鐘，燒熱鑊，注油，爆香薑茸、雞粒，加入蒜茸、洋葱，炒至金黃。
7. 注入調味汁，煮至汁液減半，加入薯仔等材料，約煮5分鐘。
8. 加入葱粒，拌勻至汁濃，即可上碟進食。

可供四人食用

每一份量供給:

	熱量	470
克	醣	62
克	蛋白質	28
克	脂肪	12
克	飽和脂肪	2
毫克	膽固醇	76
克	纖維	7
毫克	鹽	443
毫克	鉀	1019

優: 纖維；維他命 A；維他命 E；菸鹼酸；維他命 B-6

良: 維他命 C；硫胺素；核黃素；鈣；鐵

宮保杏仁火雞丁

Kung Pao Turkey with Toasted Almonds

這款菜式將原本的雞丁與花生材料加以改動而成。相傳清末四川總督丁宮保甚喜該紅辣椒乾雞丁食譜而得名。

火雞與醃料：

1 磅	火雞胸肉，切成1吋/2.5厘米方粒	500 克
2 湯匙	廚酒	25 毫升
1 湯匙	粟粉	15 毫升
1/4 茶匙	鹽	1 毫升
少許	胡椒粉	少許

調味醬：

2 湯匙	清水或雞上湯 (第3頁)	25 毫升
1 湯匙	生抽	15 毫升
1 1/2 茶匙	辣椒醬 (hot bean paste)	7 毫升
2 湯匙	醋	25 毫升
2 茶匙	糖	10 毫升
2 茶匙	粟粉	10 毫升

1 湯匙	植物油	15 毫升
2 湯匙	洋葱粒	25 毫升
1 茶匙	蒜茸	5 毫升
2 茶匙	薑茸	10 毫升
半隻	青西椒，切大粒	半隻
半隻	紅西椒，切大粒	半隻
3 湯匙	雞上湯	45 毫升
1/4 杯	連皮烤香杏仁	50 毫升

1. 將火雞與醃料調勻，醃廿分鐘。
2. 調味醬材料拌勻待用。
3. 燒熱鑊，以中火爆香蒜茸、薑茸及洋葱，略炒卅秒。
4. 放入火雞丁爆炒3分鐘至金黃，加入上湯，煮1分鐘。
5. 加入調味醬及焗香杏仁，急炒至汁濃，趁熱進食。

可供四人食用

每一份量供給:

	熱量	316
克	醣	10
克	蛋白質	36
克	脂肪	14
克	飽和脂肪	3
毫克	膽固醇	86
克	纖維	1
毫克	鹽	623
毫克	鉀	475

優: 維他命 E

良: 菸鹹酸；
維他命 B-6；
維他命 B-12；鐵

燒烤蜜汁雞配菠蘿沙寶醬

BBQ Honey Chicken with Pineapple Sambal

本着對烹調的興緻，每種菜式的配搭與滋味，可以變化萬千。如果喜歡，把下面食譜略改，雞胸肉切成薄片，做串燒亦得。

6 件	雞胸肉 (去皮去骨)	6 件

醃料：

1 款	蜜汁醃雞料 (參看下半頁)	1 款
2 湯匙	檸檬外皮茸	25 毫升
2 杯	菠蘿沙寶醬 (參看下半頁)	500 毫升

1. 在一大碗，將醃料調勻，醃雞胸肉三小時以上。
2. 預熱燒烤爐。取出雞肉，放置在燒烤爐上。
3. 約焗十分鐘，其間以醃料塗上多次，增加香味。
4. 進食前灑以檸檬外皮茸調味。

可供六人食用

沙寶醬源自印尼、馬來西亞一帶。有多種味道可供選擇。

以鮮果代替沙寶烹煮醬汁亦可。

每一份量連醬汁供給:

	熱量	234
克	醣	25
克	蛋白質	27
克	脂肪	3
克	飽和脂肪	1
毫克	膽固醇	73
克	纖維	微量
毫克	鹽	89
毫克	鉀	373

優: 菸鹼酸；維他命 B-6

蜜汁醃雞料 *Honey Chicken Marinade*

1/3 杯	蜜糖漿	75 毫升
1/2 杯	蘋果西打	125 毫升
2 湯匙	molasses 糖膠	25 毫升
2 茶匙	生抽	10 毫升
2 茶匙	薑茸	10 毫升

將全部材料放在一大碗內調勻，足夠醃六隻雞胸肉。

菠蘿沙寶醬 *Pineapple Sambal Sauce*

1 1/3 杯	菠蘿，切細粒	300 毫升
4 湯匙	紅辣椒，去籽切細茸	20 毫升
2/3 杯	米醋	150 毫升
1/2 杯	紅洋葱，切茸	125 毫升
2 湯匙	蒜茸	25 毫升
4 湯匙	黃糖	20 毫升
1 茶匙	生抽	5 毫升

將全部材料放入煲內，文火煮約20分鐘，可得2杯/500毫升醬料。

美國南方炸雞

Southern Style "Fried" Chicken

由粟米飼料餵大的肥美雞隻，是這款美國經典食品的奠基石。家家出外野餐，多備有一籃子炸雞。讀者們，你們也試做這款炸雞，伴以香茗、糖水，找處風涼的地方享受一下。

6 塊	淨雞胸肉	6 塊
1 杯	脫脂牛奶 (buttermilk)	250 毫升
1 杯	粟米薄脆片(cornflakes)，壓碎	250 毫升
1/4杯	粟米粉 (cornmeal)	50 毫升
1 湯匙	他拉根香草 (tarragon)	15 毫升
1 湯匙	紫蘇 (basil)，切碎	15 毫升
2 茶匙	花椒粉 (cayenne)	10 毫升
2 茶匙	百里香 (thyme)，切粒	10 毫升
1 湯匙	香椒粉 (paprika)	15 毫升

1. 預熱焗爐至華氏325度/攝氏160度
2. 將雞浸在脫脂牛奶裡，約浸二小時。
3. 將其他香料薄脆放入食物膠袋，搖混均勻。
4. 由奶液中取出雞件，逐塊放入袋中，沾滿香料及薄脆。
5. 將雞件排放入焗盤鐵架上，放入焗爐焗廿分鐘，熱食或攤凍作野餐食品均可。

可供六人食用

酸椰菜絲沙律(coleslaw)與炸雞是很好的配搭。可用第14頁低脂肪美乃滋沙律醬拌椰菜絲自製。

每一份量供給：

	熱量	170
克	醣	1
克	蛋白質	26
克	脂肪	2
克	飽和脂肪	1
毫克	膽固醇	60
克	纖維	1
毫克	鹽	158
毫克	鉀	390

優：菸鹹酸；維他命 B-6

良：維他命 A；核黃素；維他命 B-12

假日焗火雞卷

Roasted Turkey for Holiday

焗火雞的香味，帶我回憶起天真又幸福的童年，在祖母家中，與冒著風寒前來團聚的各地親人，一齊享受豐富的聖誕晚餐。

這款食譜在戶外燒烤爐烹煮亦可，要用低火，並不時翻動，以免焦黑，約燒烤30分鐘。

2 磅	火雞腿，去皮去骨	1 公斤
1/2 茶匙	黑椒粉 (black pepper)	2 毫升
1 茶匙	香椒粉 (paprika)	5 毫升
1 款	百里香火雞釀餡 (第84頁)	1 款
1 款	桃汁洋葱醬或雞肉汁 (第83頁)	1 款

1. 預熱焗爐至華氏350度/攝氏180度
2. 將火雞腿肉拍至扁平而薄，要小心免使火雞皮破裂。
3. 將第84頁介紹的火雞餡料平均鋪在火雞肉上，然後捲成筒狀。
4. 火雞卷上面灑以黑椒粉、香椒粉調味。
5. 放入焗盤，焗五十分鐘。
6. 取出，略等十分鐘。
7. 切片，與1/3杯/75毫升右頁醬汁一同上桌進食。

可供六人食用

桃汁洋葱醬 *Peach and Onion Sauce*

1 湯匙	植物油	15 毫升
2 杯	洋葱，切細方粒	500 毫升
1/3 杯	橙汁	75 毫升
1 1/2 杯	新鮮桃子	375 毫升
2 湯匙	蜜糖	25 毫升

1. 燒熱1湯匙油。
2. 以中火爆香洋葱，兜炒至金黃色。
3. 加入橙汁，稍減低鑊裡的溫度。
4. 再加入桃肉、蜜糖，以中火煮十分鐘，至汁液收減至半。

可得2杯/500毫升醬料

雞肉汁 *Poultry Gravy*

2 杯	褐色雞上湯 (第3頁)	500 毫升
1/4 茶匙	紫蘇葉碎 (sage leaves)	1 毫升
1/4 茶匙	黑椒粉	1 毫升
2 湯匙	粟粉	25 毫升
1/4 杯	清水	50 毫升

1. 將雞上湯，紫蘇葉及黑椒粉放入煲裡，大火煮滾，然後文火煮五分鐘。
2. 在一小碗將粟粉與清水調勻，輕倒入湯煲，約煮2分鐘至濃度一致。

可得2杯/500毫升雞肉汁

每一份量連醬汁供給：

	熱量	366
克	醣	39
克	蛋白質	42
克	脂肪	5
克	飽和脂肪	1
毫克	膽固醇	103
克	纖維	5
毫克	鹽	311
毫克	鉀	821

優: 維他命 A；菸鹹酸；維他命 B-6；鋅

良: 硫胺素；核黃素；葉酸；維他命 B-12

百里香火雞釀餡

Thyme Poultry Stuffing

烹煮火雞，特別是聖誕大餐，必定釀以洋葱、西芹、香草、麵包糠等餡料。加上栗子碎，風味更佳。如果買不到新鮮百里香草，用一湯匙/15毫升乾百里香亦可。

準備感恩節的釀餡，應加入鮮果、乾果，以慶祝秋來豐收。

	植物油噴劑	
1 1/2 杯	洋葱，切粒	375 毫升
1/2 杯	西芹，切粒	125 毫升
1/2 杯	紅蘿蔔，切粒	125 毫升
1 茶匙	蒜茸	5 毫升
3 湯匙	鮮百里香葉碎 (fresh thyme)	45 毫升
1/2 茶匙	黑胡椒 (black pepper)	2 毫升
2 杯	雞上湯 (第3頁)	500 毫升
4 杯	麵包糠粒 (bread cubes)	1 公升
3 隻	蛋白	3 隻
1/4 茶匙	鹽	1 毫升

1. 燒熱鑊，噴上一層植物油。加入蒜茸、洋葱、西芹、紅蘿蔔，爆炒至金黃。
2. 加入雞上湯，百里香葉、黑椒粉以中火煮至汁液完全吸乾。
3. 同時，將麵包糠粒浸入蛋白內，加鹽，拌勻。
4. 素菜稍涼後，混入麵包糠成餡料，待涼透方才釀入火雞內。

釀餡可足做六件火雞卷

每一份量供給:

	熱量	89
克	醣	16
克	蛋白質	4
克	脂肪	1
克	飽和脂肪	0
毫克	膽固醇	1
克	纖維	2
毫克	鹽	236
毫克	鉀	181

肉類

青豆蕃茄牛肉

Beef with Tomatoes and Green Beans

這款顏色鮮明的菜式，老少咸宜。
蕃茄帶有酸味，宜加點糖以中和酸性。下面介紹的菜式，不但營養價高，又可增進孩子們的食慾！

牛肉及醃料：

1/2 磅	瘦牛柳，切薄片	250 克
1 湯匙	生抽	15 毫升
1/2 茶匙	糖	2 毫升
1 湯匙	廚酒	15 毫升
1/4 茶匙	黑胡椒	1 毫升
1 1/2 茶匙	粟粉	7 毫升

1 湯匙	植物油	15 毫升
1 磅	小蕃茄，切開4份	500 克
1 個	小洋葱，切片	1 個
2 茶匙	蒜茸	10 毫升
2 茶匙	薑茸	5 毫升
1/2 磅	青豆，撕筋，切斜角2吋/5厘米段	250 克

1. 牛肉加醃料拌勻，醃20分鐘。
2. 燒紅鑊，加入一湯匙油，略爆牛肉1分鐘，盛出留用。
3. 蒜茸、薑茸、蕃茄和洋葱略炒1分鐘，續加入青豆，加蓋煮3分鐘至青豆轉軟，再將牛肉回鑊爆炒1分鐘，盛入深碟即可上桌。

可供四人食用

蕃茄去皮法：

在蕃茄底部用小刀劃一個十字，然後浸入熱水約45秒，再沖冷水，便可由劃開部分將蕃茄皮輕易剝去。

每一份量供給：

	熱量	183
克	醣	14
克	蛋白質	16
克	脂肪	7
克	飽和脂肪	2
毫克	膽固醇	38
克	纖維	4
毫克	鹽	301
毫克	鉀	600

優: 維他命 C；維他命 B-12；鋅

良: 維他命 A；葉酸；鐵；纖維；菸鹼酸；維他命 B-6

沙爹牛肉炒小白菜

Spicy Beef with Baby Bok Choy

（參看第63頁圖片）

滑牛肉炒菜，非常香甜。配以菜心，芥蘭或百加利炒好後，鋪在新鮮蒸熱的沙河粉上，很受歡迎。

牛肉與醃料：

3/4 磅	淨瘦牛肉，切斜紋薄片	375 克
1 湯匙	生抽	15 毫升
1 湯匙	粟粉	15 毫升
1/2 茶匙	糖	2 毫升
2 湯匙	清水	25 毫升
1 湯匙	廚酒	15 毫升

調味汁料：

1/4 杯	雞上湯（第3頁）	125 毫升
2 茶匙	蠔油	10 毫升
1 湯匙	沙爹醬	15 毫升
1 湯匙	清水	15 毫升
1 茶匙	粟粉	5 毫升

1/2 杯	雞上湯	125 毫升
1 磅	小白菜，洗淨，度短	500 克
1/2 茶匙	糖（隨意）	2 毫升
1 湯匙	蒜茸	15 毫升
1 茶匙	麻油	5 毫升
1 湯匙	植物油	15 毫升
6 片	薑片	6 片
2 個	乾葱頭，切片	2 個
2 隻	紅辣椒（隨意）	2 隻

1. 將牛肉加醃料，醃30分鐘或隔夜。
2. 將調味料拌勻備用。
3. 中火燒熱油，爆香蒜茸，放入小白菜及糖，加蓋煮2分鐘。隨後加麻油，盛出保暖。並將鑊洗淨抹乾。
4. 燒紅鑊，加油，爆炒薑米、乾葱碎、辣紅椒，加入牛肉炒1至2分鐘，注入調味汁料，小炒1分鐘至汁液收乾轉濃，將牛肉盛上菜面，或與白菜兜勻均可。趁熱上桌。

可供四人食用

鮮嫩牛肉：

放肉片入熱油裡，不要立刻翻動。約等五至十秒，鑊裡熱力足後，才快手兜炒，肉片比較嫩滑，

每一份量供給：

	熱量	288
克	醣	11
克	蛋白質	27
克	脂肪	15
克	飽和脂肪	4
毫克	膽固醇	72
克	纖維	1
毫克	鹽	756
毫克	鉀	738

優： 維他命 C；維他命 B-6 維他命 B-12；維他命 A；葉酸；鋅，鐵

良： 核黃素；菸鹼酸

燴羊�煲 Lamb Ossobuco Chinese Style

羊腱、牛腱，含豐富膠質，冬來進補，能暖和身體，十分滋潤。以薯仔或蘿蔔等烹煮，配以第30頁介紹的薑汁糙米飯，是寒冬的理想晚餐。

燴汁料：

1 吋	薑塊，拍扁	2.5 厘米
2 茶匙	五香粉	10 毫升
2 塊	陳皮，浸軟，刮去內瓤	2 塊
2 湯匙	草菇老抽	25 毫升
2 杯	雞上湯 (第3頁)	500 毫升
1 湯匙	植物油	15 毫升
8 粒	乾葱頭，去皮	8 粒
4 粒	蒜粒，去皮	4 粒
$1^1/_2$ 磅	羊腱，切開6塊	750 克
$^1/_3$ 杯	麵粉	75 毫升
$^1/_2$ 杯	廚酒	125 毫升
6 吋	白蘿蔔	15 厘米
1 隻	細青蘿蔔	1 隻
1 隻	大紅蘿蔔	1 隻
5 片	薑片	5 片
4 條	葱，切開四段	4 條
1 湯匙	黑醋	15 毫升

1. 將白蘿蔔與紅蘿蔔輕去外皮，切成大小若同的件塊。
2. 將燴羊腱調味汁料放入煲內，煮滾後，轉細火稍煮至出味。
3. 燒熱鑊加油，爆香蒜茸、乾葱茸。
4. 羊腱拍上麵粉，放入鑊中煎至兩面金黃後，移放入汁煲內，加蓋，以文火燴煮卅分鐘。
5. 同時贊酒於鑊裡，加入蘿蔔，略炒2分鐘至汁液吸乾。留用。
6. 羊腱炆煮卅分鐘後，倒入蘿蔔，繼續煮卅分鐘至羊腱稔透，其間如汁液太濃，須加入滾水調勻。煮好後，棄去陳皮及薑片。
7. 上菜前，將沙煲（或鐵板）燒到紅熱，放下薑葱爆香，然後落醋，再加入煮滾的羊腱蘿蔔，調拌均勻，即時趁沸滾至嘶嘶作聲，上桌進食。

可供六人進食

每一份量供給:

	熱量	257
克	醣	13
克	蛋白質	22
克	脂肪	12
克	飽和脂肪	4
毫克	膽固醇	72
克	纖維	1
毫克	鹽	497
毫克	鉀	446

優: 鋅；維他命 A；維他命 C；維他命 B-12

良: 鐵；葉酸

煎豆腐燴三豆，第109 頁>

酸子薑炒鹿肉

Venison Medallions with Pickled Ginger

鹿肉補中、益氣、強五臟，秋冬進補頗為合時。薑能助行氣，又可辟羊騷味。以酸子薑炒鹿肉，既補身，又助消化。

1 湯匙	生抽	15 毫升
1/2 杯	雞上湯 (第3頁)	125 毫升
2 茶匙	粟粉	10 毫升
3/4 磅	鹿柳肉，切成半吋/1.25厘米圓片	375 克
1/4 茶匙	鹽	1 毫升
2 茶匙	黑椒粉	10 毫升
1 湯匙	植物油	15 毫升
2 湯匙	廚酒	25 毫升
2 粒	蒜頭，切片	2 粒
1 隻	小洋葱，切片	1 隻
8 片	酸子薑，切絲	8 片
1 湯匙	酸子薑汁	15 毫升
1 隻	大青西椒，去籽，切粒	1 隻
1 隻	小紅西椒，去籽，切粒	1 隻

1. 將生抽，雞上湯加粟粉，調勻備用。
2. 鹿肉片加鹽與黑椒粉調味。
3. 以易潔鑊燒熱油，下鹿肉，二面各煎一分鐘，至八成熟。盛出待用。
4. 贊酒，加入蒜片，洋葱，子薑，子薑汁，略炒卅秒。
5. 加入青紅椒，再炒卅秒，下獻汁兜勻。加蓋約一分鐘，至西椒轉軟稔。
6. 最後加鹿肉及肉汁回鑊，約炒一分鐘至汁液稠厚，即可上桌。

可供四人食用

<荔枝果冰，第128頁

肉類

每一份量供給:

	熱量	197
克	醣	6
克	蛋白質	27
克	脂肪	6
克	飽和脂肪	1
毫克	膽固醇	95
克	纖維	1
毫克	鹽	706
毫克	鉀	433

優: 鐵；維他命 C；菸鹼酸；維他命 B-12 鋅

良: 核黃素

肉類

香橙牛扒

Spicy Tangerine Beef

陳皮：

俗稱廣東三寶之一的陳皮有行氣化痰功效，烹調牛肉，辟肉腥，增香味。使用前，浸軟，刮去內層茸瓤，可去澀味。

另外二寶是老薑，鹹草繩。

牛扒及醃料：

3 塊	陳皮	3 塊
$1^1/_2$ 磅	西冷牛扒	750 克
$^1/_2$ 杯	滾水	125 毫升
3 粒	蒜茸	3 粒
2 條	葱，切段	2 條
2 吋	薑塊，拍扁	5 厘米
2 茶匙	蠔油	10 毫升
2 茶匙	生抽	10 毫升
3 湯匙	廚酒	45 毫升
2 湯匙	濃縮橙汁	25 毫升
2 茶匙	鮮辣椒醬 (第9頁)	10 毫升
1 茶匙	咕汁	5 毫升
1 茶匙	糖	5 毫升
1 湯匙	粟粉	15 毫升
2 湯匙	清水	25 毫升
6 片	橙片	6 片
3 條	芫茜	3 條

1. 陳皮浸熱水十分鐘，取出切碎，再加入浸液，壓成茸，使出味。
2. 將牛扒及陳皮茸等全部醃料置一深碟內，調拌均勻。放入雪櫃二小時以上或隔一夜。
3. 燒烤爐開高火預熱。
4. 取出牛扒，掃開醃料，放上搽了油的燒烤架。醃汁隔渣後，用作掃上牛扒，添增肉汁及香味，每面一兩次。如果用鑊來煎牛扒，加一湯匙/2.5毫升油，開猛火，每邊約煎兩分鐘。（每份量醣類增至290克，脂肪11克。）牛扒盛出，待兩、三分鐘。再處理。
5. 將二湯匙/2.5毫升水加入餘下醃汁，煮一分鐘，滾至汁濃。
6. 牛扒切成薄片，淋上濃汁，以橙片及芫茜飾盤，即時進食。

可供六人食用

每一份量供給:

	熱量	270
克	醣	9
克	蛋白質	35
克	脂肪	9
克	飽和脂肪	4
毫克	膽固醇	101
克	纖維	1
毫克	鹽	354
毫克	鉀	601

優: 鐵；鋅；維他命 B-6；維他命 B-12

良: 維他命 C；核黃酸；菸鹹酸

豬肉釀毛瓜

Pork-stuffed Mo Qua

1 包	2安士/60克粉絲	1 包
2 隻	毛瓜	2 隻

豬肉及醃料：

1/2 磅	攪碎豬肉	250 克
1/4 茶匙	鹽	1 毫升
1 湯匙	薑茸	15 毫升
2 湯匙	芫茜碎	25 毫升
1 隻	蛋白，打散	1 隻
1 1/2 茶匙	粟粉	7 毫升
1/2 茶匙	麻油	2 毫升

調味汁：

1 湯匙	蠔油	15 毫升
1 杯	雞上湯 (第3頁)	250 毫升
1 茶匙	辣紅椒碎	5 毫升
4 隻	大冬菇，切幼絲	4 隻

1. 將粉絲用熱水浸軟，瀝乾後，切碎留用。
2. 毛瓜去皮，橫切成1吋/2.5厘米高圓柱形。圓柱上將瓜心嫩子部份挖成碗狀。
3. 絞肉加入一半粉絲，與醃料拌勻，成餡料。用湯匙輕壓，釀入毛瓜內。然後將釀好毛瓜，餡料向下，蘸滿餘下的粉絲碎。
4. 將調味汁以中火煮熱。將釀好的毛瓜瓜身向下，排放滾汁上，加蓋，約煮十五分鐘。每隔五分鐘，開蓋一次，以肉汁淋上毛瓜上，使入味。
5. 煮熟後，將釀毛瓜排在碟上，淋以調勻濃汁，趁熱進食。

可供四人食用

每一份量供給:

	熱量	183
克	醣	22.
克	蛋白質	16
克	脂肪	4
克	飽和脂肪	1
毫克	膽固醇	36
克	纖維	3
毫克	鹽	357
毫克	鉀	508

優: 硫胺素

良: 纖維；菸鹼酸；維他命 B-6；鋅

紅腐乳不但增加叉燒色澤及香味，又能軟化肉質及減低肥膩感。烹煮葷菜素菜都十分適宜。

蜜味叉燒

Barbecued Pork

燒烤前將瘦肉浸熟才醃味，使肉裡保留鮮甜肉汁。製成的叉燒有燒臘店的水準，而無肥膩及高鹽含量的問題。

6 杯	清水	1.5 公升
2 磅	豬柳，順紋切成2吋/5厘米粗長條	1 公斤

醃料：

2 湯匙	生抽	25 毫升
1 1/2 茶匙	紅腐乳	7 毫升
5 片	薑片	5 片
2 條	葱，拍扁，切碎	2 條
4 粒	蒜粒，拍扁	4 粒
2 湯匙	廚酒	25 毫升
3 湯匙	蜜糖，分開用	45 毫升

1. 將豬柳及清水放入煲中，用中火加熱至滾。
2. 改用文火煮十分鐘。熄火後，待廿分鐘後，取出，抹乾備用。
3. 將醃料放入大碗拌勻，加豬柳醃四小時或隔夜。
4. 焗爐以高火預熱，將豬柳放在焗架上，約烤三分鐘至金黃。中途加掃醃汁一或二次。如用戶外燒烤爐高火烹煮，須注意頻密翻動，以免焦黃。
5. 取出叉燒，待五分鐘，切片，趁熱進食。或待涼，用作配煮其他菜式的材料。

可供六人食用

每一份量供給：

	熱量	279
克	醣	11
克	蛋白質	35
克	脂肪	10
克	飽和脂肪	4
毫克	膽固醇	98
克	纖維	微量
毫克	鹽	437
毫克	鉀	471

*優：*硫胺素；菸鹼酸；維他命 B-6

*良：*核黃素

羊肉大蒜卷

Lamb and Leek Rolls

購買現成的墨西哥薄餅，可省去一些功夫。大蒜要縱面切開才可清洗葉縫間的污泥。

3/4 磅	羊柳肉，切薄片	375 克
1/4 茶匙	黑椒粉	1 毫升

調味汁：

1 1/2 茶匙	辣椒醬	7 毫升
1 湯匙	海鮮醬	15 毫升
3 1/2 湯匙	雞上湯 (第3頁)	65 毫升
2 茶匙	粟粉	10 毫升

1 湯匙	植物油	15 毫升
1 粒	蒜頭，切片	1 粒
1/2 杯	雞上湯	125 毫升
4 杯	大蒜絲	1 公升
12 塊	麵粉薄餅	12 塊

1. 羊肉片以黑椒粉調味，備用。
2. 將調味汁材料拌勻，備用。
3. 燒熱鑊，落油，將羊肉片每邊煎四十五秒至半熟，盛出碟上。
4. 加蒜頭，兜炒約卅秒，倒入調味汁，煮至濃度正好，盛出深碟中。
5. 將上湯煮滾，加入大蒜約煮三分鐘至收乾湯水及入味。
6. 放入羊肉，略炒至汁液吸乾，即可上碟。
7. 進食前，將墨西哥薄餅在乾鑊將兩面烘熱。各人自助將羊肉大蒜捲入薄餅中進食。

可供四人食用

羊肉益氣補虛，去除騷味，可用馬蹄、冰糖、甘蔗頭或白蘿蔔、薑酒等都好。

每一份量供給:

	熱量	315
克	醣	27
克	蛋白質	24
克	脂肪	13
克	飽和脂肪	3
毫克	膽固醇	64
克	纖維	4
毫克	鹽	658
毫克	鉀	360

優: 維他命 B-12；鐵

良: 纖維；葉鹹酸；葉酸

肉類

日式肉片炒雪豆

Miso Pork with Water Chestnuts and Snow Peas

（參看第64頁圖片）

日本紅味噌與七味粉能添增肉片的滋味。炒雪豆不宜煮得太久，要眼見手快地炒，既能保存豐富維他命C，又清甜爽口。

馬蹄：

清潤爽口的馬蹄對身體甚有裨益，值得主婦花點時間洗淨塘泥及用小刀削去外皮。如果生吃，必先去皮及用淡鹽水略浸片刻。

豬肉及醃料：

3/4 磅	豬柳枚，切絲	375 克
1 湯匙	雞上湯（第3頁）	15 毫升
1/4茶匙	鹽	1 毫升
1/2 茶匙	日本七味粉 (Japanese seven spice)	2 毫升
1 湯匙	粟粉	15 毫升

調味汁料：

1 湯匙	紅味噌醬 (red miso paste)	15 毫升
2/3 杯	雞上湯	150 毫升
1 1/2 杯	生抽	7 毫升
2 茶匙	粟粉	10 毫升

材料：

1 湯匙	植物油	15 毫升
3 片	薑片	3 片
1 個	紅蘿蔔，切斜片	1 隻
1/4 杯	雞上湯	50 毫升
1/2 磅	雪豆，洗淨，去筋	250 克
8-10 粒	馬蹄，切片	8-10 粒

1. 豬肉加醃料拌勻，留用。
2. 將調味汁料混和好，備用。
3. 燒熱油，爆香薑片，加豬肉略炒2分鐘至微黃。加入調味汁料，煮1分鐘，至汁液轉濃，盛出備用。
4. 放入紅蘿蔔及注入上湯，煮1分鐘；另加入雪豆及馬蹄炒2分鐘至蔬菜青脆。
5. 加入豬肉絲，兜炒片刻，即可趁熱進食。

可供四人食用

每一份量供給：

	熱量	210
克	醣	13
克	蛋白質	21
克	脂肪	8
克	飽和脂肪	2
毫克	膽固醇	54
克	纖維	2
毫克	鹽	391
毫克	鉀	508

*優：*維他命 A；維他命 C 硫胺素；維他命 B-6 維他命 B-12

*良：*維他命 E；核黃素；菸鹼酸；葉酸；鐵；鋅

豐美果醬豬柳

Hearty Pork Medallions with Fruit Sauce

這款主菜，抄自母親拿手的蘋果醬豬扒。配上第123頁的香蒜薯蓉，是地道的西式正餐。品嚐時，記得把薯蓉捲上果醬一試。其味無窮。

果醬：

1 杯	地厘蛇果，去皮切粒	250 毫升
1 杯	梨、去皮切粒	250 毫升
1 杯	白酒	250 毫升
1/4 杯	乾車厘子	50 毫升
1/2 杯	葡萄乾	125 毫升
1 杯	雞清湯（第3頁）	250 毫升

豬肉

	植物油噴劑	
1 1/4 磅	豬柳枚肉，切成六份	625 克
1 杯	傳統西式濃汁（第7頁）	250 毫升
2 湯匙	些厘酒	25 毫升

1. 將果醬材料，放入煲內，以中火煮至醬汁收乾一半。
2. 燒熱鑊，噴上一層植物油，放下豬柳，每面約煎 3分鐘至半熟。
3. 取出豬柳，注入西式濃汁，約煮一分鐘。
4. 再加入果醬、些厘酒，以中火煮 3分鐘，至汁液略減。
5. 豬柳回鍋，文火煮一分鐘。
6. 將柳肉盛出碟上，淋以四分之一杯/50毫升果醬汁。趁熱上桌。

可供六人食用

注意：

購買乾車厘子，要小心有果核留在乾果肉內，有些包裝未必能保證完全去清核粒的。

每一份量供給：

	熱量	262
克	醣	25
克	蛋白質	23
克	脂肪	5
克	飽和脂肪	2
毫克	膽固醇	63
克	纖維	2
毫克	鹽	107
毫克	鉀	602

優: 硫胺素；維他命 B-6 維他命 B-12

良: 核黃素；菸鹼酸；鋅

肉類

很多西方菜譜以歷史人物定名。

保羅史多根那夫伯爵是十九世紀俄國的外交官。

俄式乾爆牛柳絲

Beef Stroganoff

下面介紹是我為健心菜譜最早設計菜式之一。原因是我一向喜愛這俄國菜，但傳統的酸奶油太豐富，腰圍不斷擴大。所以加入第8頁的紅酒濃汁來增加香味，又以低脂肪酸乳酪代替酸奶油。現在味蕾的要求及腰圍的問題都解決了。

	植物油噴劑	
1/2 杯	洋葱，切粒	125 毫升
2 杯	蘑菇，切片	500 毫升
1 3/4 杯	紅酒濃汁（第8頁）	425 毫升
3 湯匙	蕃茄，切粒	45 毫升
1 湯匙	Dijon 芥辣醬	15 毫升
1/2 杯	低脂肪酸乳酪 (low fat yogurt)	125 毫升
1 1/4 磅	牛柳，切粗絲	625 克

1. 燒熱鑊，噴一層油在鑊面。
2. 爆香洋葱至軟及透明。
3. 加入蘑菇，炒3分鐘。
4. 加入紅酒濃汁，蕃茄及芥辣，中火將汁醬煮至四分一。
5. 減低火力，注入酸乳酪，留用。
6. 用另一鑊，注油猛火爆炒牛柳絲至合適的生熟程度。
7. 加入醬汁，熱透即成。

與麵食或白飯同進食均佳。

可供六人食用

每一份量供給:

	熱量	186
克	醣	4
克	蛋白質	23
克	脂肪	8
克	飽和脂肪	3
毫克	膽固醇	63
克	纖維	1
毫克	鹽	128
毫克	鉀	491

優: 核黃素；維他命 B-12；鐵；鋅

良: 維他命 A；菸鹹酸；維他命 B-6

德州香辣牛柳粒

Texas Beef Chili

德州不但地域廣闊，當地人嗜辣的胃口也大。讀者可依個人喜好，酌量將辣度加以調整。

2 磅	淨瘦牛柳，切1吋/2.5厘米方粒	1 公斤
2 杯	洋葱，切細粒	500 毫升
1/4 杯	蒜茸	50 毫升
1/4 杯	辣椒粉 (chili powder)	50 毫升
2 湯匙	小茴粉 (ground cumin)	25 毫升
2 茶匙	芫茜子粉 (ground coriander)	10 毫升
1 茶匙	奧利根奴 (oregano)	5 毫升
2 湯匙	香椒粉 (paprika)	25 毫升
2 茶匙	天椒粉 (cayenne pepper)	10 毫升
1/4 杯	蕃茄羔 (tomato paste)	50 毫升
1/4 杯	麵粉	50 毫升
4 杯	蕃茄切粒	1 公升
6 杯	西式濃湯（第8頁）	1.5 公升
2 湯匙	青辣椒，切粒	25 毫升
1 茶匙	黑胡椒粉	5 毫升
2 1/2 杯	煮熟腰豆 (kidney beans)	625 毫升
1/4 杯	芫茜，切碎	50 毫升

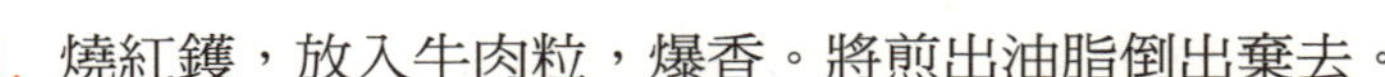

1. 燒紅鑊，放入牛肉粒，爆香。將煎出油脂倒出棄去。
2. 加入洋葱，炒至金黃。
3. 放入辣椒粉、小茴粉、芫茜子粉、奧利根奴、紅椒粉和花椒粉等慢火炒三分鐘。
4. 加入蕃茄羔及麵粉、約煮3分鐘。
5. 加入蕃茄及西式濃湯，以文火煲2小時，至牛肉鬆稔。
6. 加入小青辣椒、黑椒粉及煮熟腰豆。約煮十分鐘至入味。
7. 灑上芫西碎。即時上桌。

可供八人食用

傳統的德州牛肉，以“紅肉煲”淨燴牛肉。辣醬豆另外裝碟盛出上桌。

每一份量供給:

	熱量	355
克	醣	31
克	蛋白質	37
克	脂肪	10
克	飽和脂肪	3
毫克	膽固醇	85
克	纖維	9
毫克	鹽	181
毫克	鉀	1129

優: 纖維；維他命 A；維他命 C；硫胺素；核黃素；菸鹹酸；維他命 B-6；葉酸；維他命 B-12；鐵；鋅

良: 維他命 E

將洋蔥炒熟，加入漢堡包肉餅內。味道十分香甜，做法是：燒熱鑊，輕噴一層油在鑊面，加入半杯/375毫升洋蔥粒爆香，以中火炒至金黃，待冷，拌入牛肉餅材料裡調勻便可。

家廚漢堡包

Homestyle Burgers

很多人認為漢堡包是美國飲食文化，對世界一大貢獻。今日已成千萬人喜愛的主要快餐。這款菜譜另一版本在菲律賓快餐連鎖店非常盛行。下次有聚會時，記得讓家廚一顯身手呀！

漢堡包材料：

2磅	瘦淨碎牛肉	1公斤
1茶匙	芥末粉 (dry mustard)	5毫升
1茶匙	黑椒粉 (ground black pepper)	5毫升
1/2 茶匙	芹菜鹽 (celery salt)	2毫升
2茶匙	喼汁 (worcestershire sauce)	10毫升
2隻	蛋白	2隻
1茶匙	蒜茸	5毫升
2/3 杯	炒香洋蔥 (參看左欄)	175毫升
1湯匙	鮮百里香葉 (thyme)	15毫升

1. 將全部材料調勻，平均分為十個肉餅。燒烤或乾煎至熟均可。
2. 肉餅與以下蕃茄調味醬同進食，味道更佳。

可供十人食用。

茄汁調味醬 Tomato Relish

1 茶匙	植物油	5 毫升
1/3 杯	洋蔥茸	75 毫升
1 茶匙	蒜茸	5 毫升
1 杯	風乾蕃茄，切碎（飛水一分鐘）	250 毫升
1/2 茶匙	丁香粉 (ground cloves)	2 毫升
1 茶匙	玉桂粉 (ground cinnamon)	5 毫升
1 茶匙	香椒粉 (ground allspice)	5 毫升
1/4 杯	白醋	50 毫升
1 杯	紅熟蕃茄，切碎	250 毫升

1. 燒熱一茶匙油，爆香蒜茸、洋蔥，炒至金黃。
2. 將風乾蕃茄放入熱水一分鐘，取出切碎，加入新鮮熟蕃茄及其他材料，以文火煮廿分鐘，即成上佳茄汁調味醬。

可得2杯/500毫升茄汁醬

每一份量漢堡包供給:

	熱量	217
克	醣	3
克	蛋白質	21
克	脂肪	13
克	飽和脂肪	5
毫克	膽固醇	66
克	纖維	0.5
毫克	鹽	89
毫克	鉀	242

優: 維他命 B-12；鋅

良: 鐵

意大利肉丸

Italian Meatballs

1 款	家廚漢堡包 (第100頁) 材料	1 款
2 茶匙	黑椒粉 (ground black pepper)	10 毫升
1/2 茶匙	芹菜鹽 (celery salt)	2 毫升
2 湯匙	蒜茸	25 毫升
1/4 杯	新鮮奧利根奴葉 (oregano)	50 毫升
1/4 杯	新鮮洋芫茜 (parsley)	50 毫升
1/2 杯	鮮蕃茄	125 毫升
2 湯匙	麵包糠	25 毫升

1. 預熱焗爐至華氏325度/攝氏160度。
2. 依漢堡包做法，將材料全部調勻。
3. 做成一個個1安士/30克肉丸。
4. 將肉丸放置在焗盤架上，焗十分鐘。

將肉丸與香濃蕃茄醬 (第16頁) 加意粉麵同上碟進食。

可供十人食用

每一份量供給:

	熱量	225
克	醣	4
克	蛋白質	21
克	脂肪	13
克	飽和脂肪	5
毫克	膽固醇	66
克	纖維	1
毫克	鹽	200
毫克	鉀	286

優: 維他命 B-12；鋅

良: 核黃素；菸鹼酸；鐵

肉類

紅酒牛肉薯仔煲

Beef Stew with Root Vegetable

薯仔牛肉煲是很多加拿大家庭星期日晚餐的主菜，配以新鮮出爐麵包，一家人以麵包蘸點肉汁，談笑甚歡。

	植物油噴劑	
1¼ 磅	淨瘦牛柳，切1吋/2.5厘米方粒	625 克
1 杯	洋葱，切1吋/2.5厘米粒	250 毫升
1 茶匙	蒜茸	5 毫升
1 湯匙	蕃茄羔 (tomato paste)	15 毫升
½ 杯	蕃茄，切粒	125 毫升
4 杯	紅酒濃汁 (第8頁)	1 公升
¼ 茶匙	乾百里香 (dried thyme)	1 毫升
½ 茶匙	黑胡椒粉 (ground black pepper)	2 毫升
1 杯	西芹根，切1吋/2.5厘米方粒	250 毫升
1 杯	紅蘿蔔，切1吋/2.5厘米方粒	250 毫升
1 杯	黃蕪青，切1吋/2.5厘米方粒	250 毫升
1 杯	紅皮薯仔，切1吋/2.5厘米方粒	250 毫升

1. 燒熱鑊，噴上一層油。
2. 放下牛肉粒，炒至金黃。
3. 加入洋葱、蒜茸，炒至香黃。
4. 拌入蕃茄羔、蕃茄粒煮2分鐘。
5. 注入紅酒濃汁，以百里香、黑椒粉調味，加蓋慢火煮2小時。
6. 加入西芹、紅蘿蔔、蕪青和薯仔，文火煮30分鐘至素菜轉稔，即可進食。

可供六人食用

每一份量供給:

	熱量	219
克	醣	15
克	蛋白質	23
克	脂肪	6
克	飽和脂肪	2
毫克	膽固醇	68
克	纖維	4
毫克	鹽	118
毫克	鉀	684

優: 維他命 A；維他命 B-6 維他命 B-12；鐵；鋅

良: 纖維；維他命 C；硫胺素；核黃素；菸鹹酸

豆腐類

百花豆腐卷

Baked Tofu Rolls with Pea Sprouts and Shrimp

脆口的腐皮與軟滑的豆腐形成強烈對比，是享受豆類產品的可口配搭。將餡料換成碎肉菠菜，或雞絲韮菜亦可。

1 磅	中豆腐	500 克

蝦及醃料：

1/2 磅	蝦肉，去殼挑腸，切碎	250 克
2 湯匙	廚酒	25 毫升
1/2 茶匙	鹽	2 毫升
1 湯匙	生抽	15 毫升
1/4 茶匙	白胡椒粉	1 毫升
1 湯匙	粟粉	15 毫升

1 茶匙	麻油	5 毫升
1 湯匙	蒜茸	15 毫升
3 湯匙	薑茸	45 毫升
1 杯	新鮮或罐頭荀，切絲	250 毫升
1/4 磅	嫩豆苗芽，或豆苗，切碎	125 克
2 張	圓腐皮，20吋/50厘米	2 張
1 隻	蛋白，打散	1 隻
1 湯匙	植物油	15 毫升

豆腐

豆腐自東漢劉安首創，一千多年來，流傳至今，菜式由清淡至香濃都甚受歡迎。在海外，亦在營養飲食界佔一席位。

1. 預熱焗爐華氏325度/攝氏180度。將鐵架放上焗盤，置入焗爐。
2. 豆腐抹乾水分，切成半吋/1厘米豆腐粒，備用。
3. 將蝦肉粒與醃料拌勻，醃10分鐘。
4. 以麻油起鑊，爆香薑、蒜、蝦肉粒，至轉色，加入荀絲炒30秒，再加豆腐粒兜炒至熱透，盛出大碗待涼。
5. 將嫩豆苗輕手拌入凍豆腐蝦肉粒，成腐皮餡料。
6. 每張腐皮剪開6份，將2湯匙/25毫升餡料，放在近底邊，捲起腐皮包住餡料，兩邊向內摺，捲好以蛋白液封口。共做12隻腐皮卷。
7. 燒熱鑊，中火加入1½茶匙/7毫升植物油，略煎6隻腐皮卷至兩面呈金黃色，盛出，再煎餘下6隻。
8. 將12隻腐皮卷放入焗爐鐵架上焗5分鐘，取出排在另一碟上。用廚房剪刀剪成易於食用大小，趁熱上桌。

可供六人食用

包腐皮卷示範：

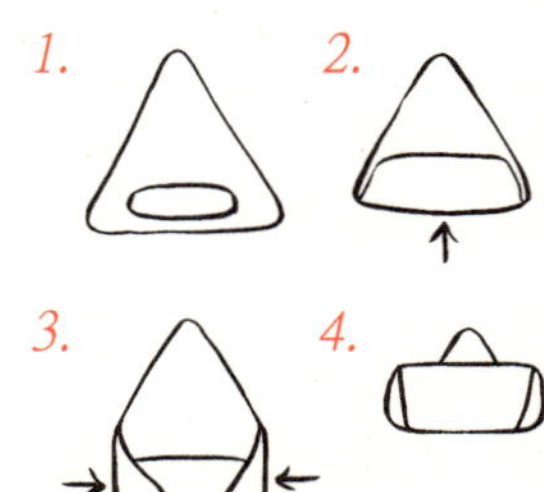

腐皮

腐皮是豆類產品的精華，是素食者蛋白質最佳來源之一。烹煮後亦有近似肉類的鮮甜味道。

每一份量供給:

	熱量	256
克	醣	13
克	蛋白質	26
克	脂肪	13
克	飽和脂肪	2
毫克	膽固醇	74
克	纖維	2
毫克	鹽	448
毫克	鉀	406

優: 鐵；維他命 D；維他命 E；葉酸；維他命 B-12；鋅

良: 硫胺素；鈣

三菇燴豆腐

Mushroom Tofu Stir-fry

一年四季，本地有多種菇類面市。可嚐試烹煮各類芳香鮮甜的菇品，是大宴中受歡迎的素菜美食。

4 隻	冬菇	4 隻
1/2 杯	熱水	125 毫升
2 茶匙	粟粉	10 毫升
1/2 磅	豆腐乾，切成 1/4 吋/5毫米厚片	250 克
1 湯匙	生抽	15 毫升
1 湯匙	植物油	15 毫升
4 粒	蒜頭，切碎	4 粒
2 吋	薑，去皮、切薄片	5 厘米
1/2 隻	紅西椒，切粒	1/2隻
1/2 扎	韮菜花，切段	1/2扎
1/4 磅	蠔菇，切去尾端，撕開	125 克
1/2 磅	雪豆，洗淨去筋	250 克
1/2 茶匙	白胡椒粉	2 毫升
1 茶匙	五香粉	5 毫升
1 包	金菇 (3.5安士/100克包裝)	1 包
1/2 杯	豆芽	125 毫升

1. 冬菇浸熱水至軟，洗淨，切絲，瀝乾水。冬菇水冷卻留用。
2. 冬菇水與粟粉調勻備用。
3. 豆腐放入生抽中，醃15分鐘。
4. 燒熱鑊，注油，以中火將豆腐煎至兩面微黃，盛出碟中。
5. 爆香薑、蒜、冬菇絲、紅西椒及韮菜花，加入蠔油和荷蘭豆續炒約1分鐘。
6. 注入冬菇水獻汁，拌勻，並以胡椒粉、五香粉調味。
7. 加入豆芽，金菇及豆腐，猛火兜勻上碟。

可供四人食用

豆腐乾

豆腐乾有淡味及五香者，購買前應閱讀包裝上油鹽的含量。

每一份量供給:

	熱量	280
克	醣	31
克	蛋白質	21
克	脂肪	10
克	飽和脂肪	1
毫克	膽固醇	微量
克	纖維	6
毫克	鹽	298
毫克	鉀	511

優: 纖維；維他命 D；葉酸；鐵；維他命 C

良: 維他命 E；硫胺素；維他命 B-6

麻婆豆腐

Tofu with Ground Pork

原本菜譜有一茶匙辣醬，辛香可口，不嗜辣的朋友，下面介紹的材料，紅椒量可酌量減低。辣度減低，一樣是佐飯的最佳拍擋。

1 磅	軟豆腐	500 克

獻汁：

1/2 杯	雞上湯 (第3頁)	125 毫升
2 茶匙	老抽	10 毫升
1/2 茶匙	麻油	2 毫升
1 湯匙	粟粉	15 毫升

1 湯匙	植物油	15 毫升
1 湯匙	蒜茸	15 毫升
2 湯匙	葱花	25 毫升
1 湯匙	薑茸	15 毫升
1 茶匙	辣紅椒碎	5 毫升
1/2 磅	瘦肉，剁碎	250 克
1/2 茶匙	胡椒粉	2 毫升
1 湯匙	廚酒	15 毫升

1. 豆腐切丁，放入筲箕瀝乾水。
2. 獻汁調勻，備用。
3. 燒熱鑊，猛火爆香薑、蒜、葱花、紅椒碎，放入肉茸兜炒，以胡椒粉調味，贊酒，加入獻汁拌勻。
4. 放入豆腐輕輕拌勻，以文火煮三分鐘即成。

可供四人食用

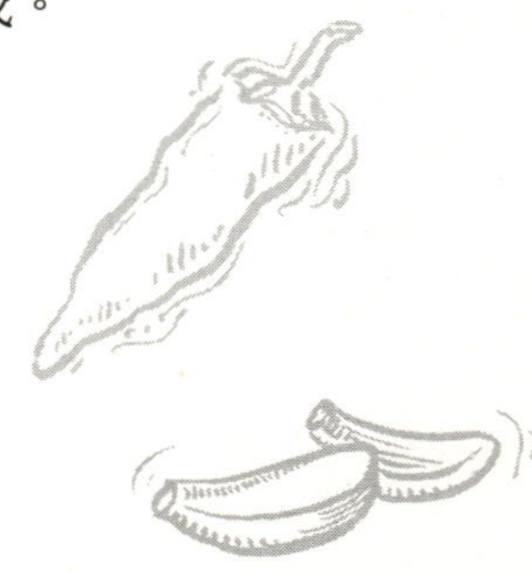

烹煮豆腐前宜先去水。可放入滾水中燙兩分鐘，盛起濾乾；或隔水蒸兩分鐘，倒去水份才用。

每一份量供給:

	熱量	220
克	醣	6
克	蛋白質	23
克	脂肪	12
克	飽和脂肪	2
毫克	膽固醇	40
克	纖維	2
毫克	鹽	209
毫克	鉀	370

優: 鐵；維他命 E；硫胺素

良: 維他命 B-6；維他命 B-12；鋅

百花豆腐鍋貼

Potsticker Tofu with Shrimp

由煎鍋貼得來靈感，以一塊嫩滑豆腐墊底，煎到香脆微黃。以魚滑或餃子餡料代替蝦肉亦可。

1 磅	中豆腐，切半吋/1厘米厚，2吋/5厘米四方形	500 毫升
1/2 磅	蝦肉，去殼挑腸	250 克
2 隻	蛋白	2 隻
1 湯匙	魚露	15 毫升
1/2 茶匙	白胡椒粉	2 毫升
1 1/2 茶匙	粟粉	7 毫升
1 湯匙	芫西碎	15 毫升
1 湯匙	葱花	15 毫升
1 茶匙	薑茸	5 毫升
1/2 杯	雞上湯 (第3頁)	125 毫升
1 隻	辣紅椒，去籽切碎	1 隻
1/2 茶匙	麻油	2 毫升
1/2 茶匙	黑胡椒	2 毫升
1 湯匙	植物油	15 毫升

1. 以紙巾吸乾豆腐片水分。
2. 將蝦肉、蛋白、魚露、胡椒粉、粟粉，放入食物攪拌機，打成膠狀，其間加入少許雞上湯。再拌入芫西碎、葱花攪勻備用。
3. 餘下雞上湯，灑入紅椒碎及麻油拌勻。
4. 攪磨少許黑胡椒在大碟，放入豆腐片調味5分鐘。
5. 灑少許粟粉在豆腐面，上面塗勻蝦膠，輕壓使黏。
6. 燒熱易潔鑊，注油，猛火煎豆腐1分鐘，至底部轉金黃。
7. 淋上雞上湯，加蓋3分鐘，至汁液幾乎收乾。
8. 開鑊蓋，煮至汁液收乾，豆腐可輕滑於鑊面，即可盛起，以芫西拌碟上桌。

可供四人食用

每一份量供給:

	熱量	197
克	醣	4
克	蛋白質	24
克	脂肪	10
克	飽和脂肪	1
毫克	膽固醇	113
克	纖維	2
毫克	鹽	503
毫克	鉀	309

優: 維他命 E；維他命 D；鐵；維他命 B-12

良: 鋅

咖喱豆腐燴三豆

Three Bean Ragout with Curry-fried Tofu

（參看第89頁圖片）

豆腐：

1/2 磅	中豆腐，切片，1/2 × 1吋/1 × 2.5厘米	250 克
2 茶匙	咖喱粉	10 毫升
1/8 茶匙	鹽	0.5 毫升
1 1/2 茶匙	植物油	7 毫升

燴豆：

1/4 杯	切碎洋葱	50 毫升
1 杯	浸透墨西哥豆 (pinto beans)	250 毫升
1/2 磅	青豆，去筋，切開三段	250 克
1 1/2 杯	冰鱀豆	375 毫升
1/2 杯	素上湯 (第4頁)	125 毫升

調味：

1 湯匙	蠔油	15 毫升
1 茶匙	粟粉	5 毫升
2 湯匙	素上湯	25 毫升
少許	黑胡椒	少許
1 隻	蕃茄雕成玫瑰花作裝飾用 (隨意)	
1 茶匙	芫茜碎作裝飾用 (隨意)	5 毫升

1. 將半杯/125毫升墨西哥豆浸入2杯/500毫升水中。浸過夜後，煮15分鐘至鬆軟，濾水備用。
2. 用紙巾將豆腐片抹乾，加入咖喱粉和鹽蘸勻。
3. 燒熱易潔鑊，注油，猛火煎咖喱豆腐，兩面各煎一分鐘至金黃色，盛出保暖。
4. 加燴豆材料入鑊，快火略炒，加蓋，以中火約煮5分鐘至青豆軟透。注入調味汁拌勻，至汁液轉濃，以胡椒粉調味。
5. 將燴三豆盛在碟上，將豆腐片作扇形，排列在中央低窩處。蕃茄花、芫茜伴碟。

可供四人食用

豆類：

乾豆是可溶纖維素的最佳來源。如用罐頭豆類，要沖淨，洗去鹽份。

每一份量供給：

	熱量	248
克	醣	37
克	蛋白質	16
克	脂肪	6
克	飽和脂肪	1
毫克	膽固醇	0
克	纖維	12
毫克	鹽	248
毫克	鉀	726

優: 纖維；維他命 E；葉酸；鐵

良: 硫胺素；核黃素；維他命 B-6；鈣

清蒸素豆腐卷

Steamed Vegetarian Tofu Rolls

味道可口的素卷冷熱皆宜，個人喜愛以冷盤或小點形式進食。

1/2 杯	冬菇	125 毫升
1/2 杯	熱水	125 毫升

餡料：

1 1/2 茶匙	植物油	7 毫升
1 茶匙	蒜茸	5 毫升
2 茶匙	薑茸	10 毫升
1 杯	新鮮或罐頭荀，切絲	250 毫升
1 杯	韮菜或韮黃，切段	250 毫升
1 杯	紅蘿蔔，去皮，切絲2吋/5厘米	250 毫升
1 包	粉絲，2安士/60克，浸軟	1 包
1 湯匙	生抽	15 毫升
2 湯匙	廚酒	25 毫升
1/4 杯	冬菇水	50 毫升
3 杯	菠菜葉，切絲	750 毫升
6 張	四方形豆腐皮	6 張
1 茶匙	麻油，分開用	5 毫升
1 茶匙	辣豆瓣醬	5 毫升

1. 將冬菇浸入半杯/125毫升熱水中約20分鐘，取出洗淨切絲。冬菇水濾清留用。
2. 燒熱鑊，注油，爆香薑蒜，將冬菇絲、荀絲、紅蘿蔔絲和韮菜急炒2分鐘。
3. 將蔬菜推至鑊一邊，加入粉絲、生抽、廚酒及冬菇水煮1分鐘，加入菠菜絲，拌炒1分鐘至汁液收乾。拌勻盛出待涼。
4. 將蒸籠放在滾水之上，將半茶匙/2毫升麻油抹在碟上。其餘麻油調入辣醬內備用。
5. 豆腐皮平放。以1/4杯/50毫升餡料置放腐皮底部，捲起腐皮，包住餡料，兩邊摺入，繼續向上捲成8吋長素卷。封口向下，放入碟中，重複做完6條素卷。
6. 放入蒸籠蒸5分鐘，然後掃上豆瓣醬料，可趁熱上桌或待冷卻後進食。上桌前切成5至6段即成。

可供六人食用

每一份量供給:

	熱量	250
克	醣	26
克	蛋白質	17
克	脂肪	11
克	飽和脂肪	2
毫克	膽固醇	0
克	纖維	3
毫克	鹽	267
毫克	鉀	553

優: 維他命 A；維他命 D

豆腐類

茄醬豆腐拌青蔬

Tofu Salad on Greens with Tomato-cumin Dressing

近年來，很多烹飪班學生效行素食，為回應潮流趨向，在烹飪課程上加入各類素食材料，下面一款菜式質感與味道都很好。

2 磅	豆腐	1 公斤

醃料：

1/2 杯	洋葱茸	125 毫升
2 湯匙	蒜茸	25 毫升
1 湯匙	薑茸	15 毫升
2 湯匙	生抽	25 毫升
2 茶匙	麻油	10 毫升
2 茶匙	黑椒粉	10 毫升
1 款	茴香乳酪蕃茄醬 (下半頁)	1 款

1. 將豆腐切成半吋/1厘米方粒。
2. 將醃料調勻，與豆腐醃過夜。
3. 在華氏400度/攝氏200度焗爐焗十分鐘，使豆腐入味。
4. 待涼，盛在青菜上，淋上茴香乳酪蕃茄醬調味。

可供八人食用

茴香乳酪蕃茄醬 *Tomato-cumin Yogurt Dressing*

1 1/3 杯	淨低脂肪酸乳酪 (low fat yogurt)	325 毫升
1 湯匙	茴香粉 (ground cumin)	15 毫升
1/2 茶匙	芫茜子粉 (ground coriander)	2 毫升
3/4 杯	蕃茄粒	175 毫升
1/4 杯	芫茜粒	50 毫升
	辣醬，調味	

將全部材料放入一大碗內，調拌均勻，待2小時後出味方才使用。

可得2杯/500毫升醬料

每一份量連醬汁供給：

	熱量	133
克	醣	8
克	蛋白質	12
克	脂肪	7
克	飽和脂肪	1
毫克	膽固醇	0
克	纖維	2
毫克	鹽	303
毫克	鉀	323

*優：*鐵

豆腐素鍋

Vegetable Stew with Savoury Tofu

這款菜可能是世上最簡單的煲仔菜，除了豆腐須要處理外，其他素菜的準備工夫很少，也可隨個人喜好配放不同材料。

預煎豆腐，不但使咖喱及香料入味，而且使豆腐有完整質地，不易散裂。

醃料：

	植物油噴劑	
1 磅	豆腐，切 1/2吋/1厘米方粒	500 克
2 茶匙	黃薑粉 (tumeric)	10 毫升
1 湯匙	咖喱粉	15 毫升
1 湯匙	茴香粉 (cumin powder)	15 毫升
2 湯匙	青檸汁 (lime juice)	25 毫升
1/2 茶匙	咭汁 (worcestershire sauce)	2 毫升
2 湯匙	雞上湯 (第3頁)	25 毫升

素菜煲:

	醃好炸豆腐	
2 杯	洋蔥，切大粒	500 毫升
2 杯	蕃茄，切大粒	500 毫升
3 杯	紅蘿蔔，切大粒	750 毫升
3 杯	白蘿蔔，切大粒	750 毫升
3 杯	椰菜花，切花	750 毫升
3 杯	雞上湯 (第3頁) 或素上湯 (第4頁)	750 毫升
3 湯匙	咖喱粉	45 毫升
1 湯匙	茴香粉 (ground cumin)	15 毫升
1/4 茶匙	鹽	1 毫升
1/4 杯	麵粉	50 毫升
1/2 杯	清水	125 毫升
2 湯匙	芫茜碎	25 毫升

1. 將醃料調勻，與豆腐粒最少醃3小時。
2. 燒熱鑊，噴上一層油，將醃好豆腐兩面煎黃，留用。
3. 將豆腐，洋葱、蕃茄、紅蘿蔔、白蘿蔔、椰菜花、上湯、咖喱粉、茴香粉和鹽等，裝入煲內，以文火煮約廿分鐘。
4. 在一小碗，混合麵粉和水，倒入煲內，調校濃度，約煮五分鐘。以芫茜碎飾面上桌。

可供六人食用

每一份量供給:

	熱量	203
克	醣	33
克	蛋白質	11
克	脂肪	5
克	飽和脂肪	0
毫克	膽固醇	0
克	纖維	9
毫克	鹽	207
毫克	鉀	1012

優: 維他命 A；維他命 C；葉酸；鐵

良: 硫胺素；核黃素；維他命 B-6；鈣；鋅

素菜/冷盤類

芝麻菠菜

Sesame Spinach

芝麻含大量鈣質，而菠菜含豐富鐵質，能美化頭髮及指甲。這味做法簡單的天然食品配合其他菜式，是非常理想的開胃菜或助食。

4 杯	清水	1 公升
2 磅	菠菜葉，洗淨，摘成短度	1 公斤
1 湯匙	麻油	15 毫升
1/4 茶匙	鹽	1 毫升
1 湯匙	焗香芝麻	15 毫升

1. 將清水煮滾，放入菠菜，略煮1分鐘，至葉身轉軟。過冷河，瀝乾水，以乾淨毛巾吸乾多餘水份。
2. 在一中碗，加入鹽，麻油，與菠菜拌勻。
3. 灑上芝麻飾面即成。

可供四人食用

蔬菜含有豐富纖維素，細細咀嚼，可增唾液分泌，促進食慾，利於腸胃吸收。

每一份量供給:

	熱量	93
克	醣	9
克	蛋白質	7
克	脂肪	5
克	飽和脂肪	1
毫克	膽固醇	0
克	纖維	6
毫克	鹽	312
毫克	鉀	1276

優: 纖維；維他命 A；維他命 E；維他命 C；核黃素；葉酸；鐵

良: 鈣

醋香蘑菇

Oriental Mushroom Pickle

蘑菇煮熟後有肉類的質地及鮮味。醃泡蘑菇可作為宴客菜中之開胃小碟。

5 杯	原隻蘑菇	1.25 公升
1 湯匙	橄欖油	15 毫升
1/4 杯	素上湯 (第4頁)	50 毫升
1/4 杯	白醋	50 毫升
4 茶匙	生抽	20 毫升
1/4 杯	蒜茸	50 毫升
1/4 杯	葱粒	50 毫升

1. 將全部材料 (葱花除外) 放入鑊中煮滾。
2. 改用文火煮15分鐘至水份近乎吸乾，其間攪拌幾次。
3. 熄火待冷，拌入葱花，盛出上桌。

可供五人食用

每一份量供給:

	熱量	59
克	醣	7
克	蛋白質	3
克	脂肪	3
克	飽和脂肪	微量
毫克	膽固醇	0
克	纖維	1
毫克	鹽	313
毫克	鉀	322

優: 維他命 D

良: 核黃素

甜酸青瓜

Spicy Cucumber Salad

就算是極普通的一餐飯，醒胃的青瓜泡菜都會添增一點趣味。蒸雞飽、羊肉大蒜卷、橙香牛扒，配以甜酸青瓜，恰到好處。

將新鮮青瓜近蒂橫切出半吋，在切口處磨出白色膠狀液泡，棄去沖淨，可去澀味。削去青瓜部份外皮，食起來更爽甜。

1 1/2茶匙	糖	7 毫升
1/2茶匙	鹽	2 毫升
1/2茶匙	辣紅椒碎	2 毫升
1 茶匙	蒜茸	5 毫升
1 湯匙	白醋	15 毫升
1 湯匙	葱花（隨意）	15 毫升
1 隻	青瓜，切片	1 隻
1 湯匙	炒香芝麻	15 毫升

1. 將糖、鹽、辣紅椒碎、蒜茸、白醋、葱花拌勻，成泡菜材料。
2. 加入青瓜片，調拌好，放入雪櫃 20分鐘。
3. 上桌前，灑以芝麻飾面。

可供五人食用

每一份量供給:

	熱量	24
克	醣	4
克	蛋白質	1
克	脂肪	1
克	飽和脂肪	0
毫克	膽固醇	0
克	纖維	1
毫克	鹽	215
毫克	鉀	106

四川茄子

Vegetarian Eggplant Szechuan Style

清口素淨是主要特色。如果想滋味香濃，加入少許肉碎爆香，或雞上湯烹煮亦佳。

2 隻	冬菇，浸軟洗淨，切粒	2 隻
4 隻	茄子	4 隻

調味料：

1 茶匙	生抽	5 毫升
2 茶匙	黑醋	10 毫升
1 茶匙	黃糖	5 毫升
1/2 茶匙	麻油	2 毫升
1/2杯	素上湯（第4頁）	125 毫升

獻汁：

2 湯匙	素上湯	25 毫升
2 茶匙	粟粉	10 毫升

1 湯匙	植物油	15 毫升
1 茶匙	蒜茸	5 毫升
1 1/2 茶匙	薑茸	7 毫升
2 湯匙	洋葱，切碎	25 毫升
2 茶匙	辣豆瓣醬	10 毫升
1/2 杯	鮮蘑菇，切碎	125 毫升
2 湯匙	葱花	25 毫升

1. 將茄子切成姆指大小方粒，隔水蒸10分鐘留用。
2. 將調味汁，獻汁分別調勻。
3. 注油於鑊，將蒜茸、薑末、洋葱粒爆香，加入辣豆瓣醬，蘑菇，冬菇粒續炒1分鐘，倒入茄子及調味汁煮滾。
4. 將獻汁注入，拌勻至汁液轉濃，灑以葱花，略炒即成。

可供五人食用。

茄子要選色澤鮮紫色，尾端尖長為新鮮柔軟。茄子切開最好即時烹煮，否則要浸入鹽水，以防茄子細胞氧化轉為鐵色。

每一份量供給:

	熱量	119
克	醣	20
克	蛋白質	3
克	脂肪	4
克	飽和脂肪	微量
毫克	膽固醇	0
克	纖維	6
毫克	鹽	236
毫克	鉀	617

優: 纖維

良: 維他命 D；葉酸

蠔菇炒豆苗

Sauteed Pea Sprouts and Oyster Mushroom

調味汁：

3/4 杯	雞上湯 (第3頁)	175 毫升
2 茶匙	粟粉	10 毫升
1 湯匙	魚露	15 毫升

1 湯匙	植物油	15 毫升
1/2 磅	蠔菇	250 克
1 湯匙	蒜茸	15 毫升
1/4 杯	雞上湯	50 毫升
1/2 茶匙	胡椒粉	2 毫升
1/2 磅	豆苗或嫩豆苗芽	250 克

1. 將調味汁料拌勻留用。
2. 注油於鑊，爆香蒜茸，放入蠔菇炒 2分鐘。加入少許上湯及胡椒粉略煮，盛出保暖。
3. 將調味汁料煮滾，放入嫩豆苗拌勻至汁液轉濃。
4. 將豆苗盛出碟上作襯底，加上蠔菇即成。

可供五人食用

豆苗：

市面上有豆苗及豆苗嫩芽出售，兩者都有獨特香味，又非常易熟。宜乾水存放於雪櫃，烹煮前浸入冰水中，即可回復鮮嫩。

每一份量供給:

單位	項目	數值
	熱量	175
克	醣	27
克	蛋白質	11
克	脂肪	4
克	飽和脂肪	微量
毫克	膽固醇	2
克	纖維	4
毫克	鹽	303
毫克	鉀	202

優: 葉酸

良: 纖維；鐵

素式茄子夾

Eggplant Chickpea Sandwiches

這味帶有地中海風味的食譜，正是成長中享用了不少中西美食後，融會而成的。

2 湯匙	醋	25 毫升
2 茶匙	糖	10 毫升
2 隻	茄子，橫切半吋/1厘米厚片	2 隻
1 湯匙	橄欖油	15 毫升
1 罐	19安士/540毫升白豆，沖淨，瀝乾	1 罐
2 茶匙	薑茸	10 毫升
1/4杯	葱花	50 毫升
2 茶匙	蒜茸	15 毫升
1/4茶匙	鹽	1 毫升
3 隻	蕃茄，去皮去籽，攪成茸汁	3 隻
2 湯匙	芫茜，切碎	25 毫升
1/4茶匙	糖	1 毫升
1/4茶匙	白胡椒粉	1 毫升

1. 將糖、醋調勻，塗上茄子片上。
2. 注油於鑊，將茄子片煎透至兩面微黃後，以廚紙將油及水份吸去留用。
3. 用攪拌機將白豆打成蓉狀。
4. 將薑茸、蒜茸、葱粒，用2湯匙/25毫升水煮滾，加鹽及白豆蓉拌勻，中火煮熱。
5. 將一層白豆蓉夾在兩片茄子裡，成三文治。切半，全部排列在碟上。
6. 文火將蕃茄汁煮熱，以糖及白胡椒粉調味，拌入芫茜碎，將醬汁倒上茄子夾上即成。

可供四人食用

白豆 (Chickpeas)

豆類含高量蛋白質，比起肉類蛋白質，好處是無膽固醇，含極少量脂肪及飽和脂肪，但含有大量可溶性纖維素。

每一份量供給:

	熱量	251
克	醣	49
克	蛋白質	10
克	脂肪	6
克	飽和脂肪	1
毫克	膽固醇	0
克	纖維	14
毫克	鹽	341
毫克	鉀	1122

優: 纖維；葉酸

良: 鐵；維他命 C；硫胺素；維他命 B-6

蘿蔔燴佛掌瓜

Braised Daikon and Chayote

蘿蔔佛掌瓜加蝦米火腿煮熟後十分香甜。如果要純素食可以用素上湯及豆瓣醬代替蝦米火腿。亦可試以冬瓜或西蘭花代替素菜部份。

如果加入雞、豬肉、牛肉，即可轉為一道豐富的主菜。

6吋	蘿蔔，去皮，開半	15厘米
1隻	佛掌瓜，去皮、去籽	1隻
1隻	紅蘿蔔，去皮	1隻

獻汁：

2茶匙	粟粉	10毫升
2湯匙	清水	25毫升

1 1/2茶匙	植物油	7毫升
1湯匙	薑茸	15毫升
2茶匙	蒜茸	10毫升
1粒	乾葱頭，切碎	1粒
1湯匙	蝦米	15毫升
1 1/2茶匙	火腿粒	7毫升
8隻	冬菇，浸軟洗淨，切半	8隻
1杯	雞上湯 (第3頁)	250毫升
1湯匙	生抽	15毫升
2條	葱，切葱花	2條

1. 將蘿蔔、佛掌瓜、紅蘿蔔切成半吋/1厘米方粒。
2. 將獻汁料拌勻備用。
3. 注油於鑊，將薑茸、蒜茸、蝦米、火腿、冬菇爆炒一分鐘，加入雞上湯，生抽及素菜拌勻，文火煮15至20分鐘，其間攪拌數次，至蘿蔔鬆軟成透明狀。
4. 加入葱花，獻汁煮滾拌勻，至汁濃，即可上碟進食。

可供四人食用

每一份量供給：

	熱量	80
克	醣	14
克	蛋白質	3
克	脂肪	2
克	飽和脂肪	微量
毫克	膽固醇	3
克	纖維	4
毫克	鹽	305
毫克	鉀	514

*優：*維他命A；維他命C

*良：*纖維；葉酸

豆干炒椰菜仔

Sauteed Brussels Sprouts

在三藩市一間精致餐館裡嚐過這款菜式 - 清簡又帶著一絲蒜茸香味。這裡加上豆干絲，更為充實。

1 湯匙	人造牛油	15 毫升
1 磅	椰菜仔 (Brussels sprouts)，切薄片	500 克
2 片	豆腐干，切片	2 片
2 茶匙	蒜茸	15 毫升
3/4 杯	雞上湯 (第3頁)	175 毫升
1/2 茶匙	鹽	2 毫升
少許	黑胡椒，調味	少許

1. 中火燒紅鑊，加人造牛油，爆香蒜茸，再加入椰菜仔、豆干，略炒30秒。
2. 注入雞上湯，以鹽、黑胡椒調味，加蓋煮2分鐘，移開鑊蓋，煮至汁液吸乾即成。

可供六人食用

每一份量供給:

	熱量	104
克	醣	8
克	蛋白質	9
克	脂肪	5
克	飽和脂肪	1
毫克	膽固醇	0
克	纖維	4
毫克	鹽	216
毫克	鉀	354

優: 維他命 C；葉酸；鐵

良: 纖維；維他命 E

酒燴白菌

Wine Braised Mushrooms

鮮美的酒燴白菌，加上出爐麵包是我最喜愛的速成午餐。用來配搭任何小菜都可以。材料方面，將白菌改為新鮮冬菇或其他菇類，成績更佳。

1 茶匙	橄欖油	5 毫升
1 湯匙	蒜茸	15 毫升
1/2 杯	白酒	125 毫升
1 磅	白菌	500 克
1/2 茶匙	黑椒粒	2 毫升
3/4 杯	雞上湯 (第3頁)	175 毫升

獻汁：

1 湯匙	粟粉	15 毫升
2 湯匙	清水	25 毫升

1. 燒紅鑊，加入橄欖油。
2. 改中火，爆香蒜茸。
3. 贊酒，煮2分鐘。
4. 加入白菌、黑胡椒及雞上湯，加蓋煮20分鐘。
5. 將獻汁倒入白菌內約煮5分鐘，至汁液變濃，即時上碟。

可作冷盤，供六人食用

每一份量供給：

	熱量	49
克	醣	6
克	蛋白質	2
克	脂肪	1
克	飽和脂肪	微量
毫克	膽固醇	0
克	纖維	1
毫克	鹽	5
毫克	鉀	329

*優：*維他命 D

*良：*核黃素；菸鹹酸

新潮香蒜薯仔蓉

New Style Spicy Garlic Mashed Potatoes

最近，很多餐廳都把這款菜列上餐牌。由於飲食界缺乏新意，香蒜薯蓉已是新一代產品。如果選用紅皮薯仔，無論色澤與質感都比較上乘。

2 磅	薯仔，去皮切1/4吋/5毫米細粒	1 公升
2 湯匙	烤蒜肉	25 毫升
1/4 杯	低脂肪酸乳酪 (low fat yogurt)	50 毫升
1 茶匙	黑椒粉	5 毫升
1/4 杯	脫脂牛奶 (buttermilk)	50 毫升

1. 將薯仔粒倒入滾水裡煮約十分鐘至稔。瀝乾水。
2. 將薯仔放回煲中，加入焗香蒜肉，酸乳酪、黑椒粉及脫脂牛奶。
3. 將全部材料在煲中，調和攪拌至香滑即成。

可供六人食用

烤蒜肉：

將去皮蒜肉放在噴上油的錫紙上，放入華氏400度/攝氏200度烤爐內，烤十五分鐘即成。

每一份量供給:

	熱量	129
克	醣	29
克	蛋白質	4
克	脂肪	微量
克	飽和脂肪	0
毫克	膽固醇	1
克	纖維	2
毫克	鹽	25
毫克	鉀	533

三文魚烤扇形薯片

Baked Scalloped Potatoes and Salmon

每人都有一些令身體舒適的食品。就是可令雨天看來開揚，又令疲憊的身體恢復活力的那種。下面介紹的小菜，往往令我精神為之一振。特別是加上三文魚，好看又好吃。

北國狩獵人，冬天多將洋薯埋藏在地底。春來掘出。冷藏後的洋薯，澱粉質轉為醣份，格外甜美。

2 磅	薯仔，去皮切薄片	1 公斤
3 杯	脫脂奶油醬 (第18頁)	750 毫升
1 杯	三文魚，切粒	250 毫升
1/2茶匙	黑椒粉 (ground black pepper)	2 毫升
1/4茶匙	豆蔻粉 (ground nutmeg)	1 毫升
1/3杯	洋葱茸	75 毫升
2 湯匙	蒔蘿香草 (fresh dill)	25 毫升
少許	鹽	少許
3 安士	巴馬臣 (parmesan)芝士粉	30 克

1. 預熱焗爐至華氏400度/攝氏200度。
2. 將全部材料（除芝士粉外）調拌均勻。
3. 焗盆噴上一層植物油，將三文魚、薯片排放好。
4. 以錫紙蓋面，焗一小時。
5. 揭開錫紙，灑上巴馬臣芝士粉，焗廿分鐘至金黃，待廿分鐘後，方才進食。

可供六人食用

每一份量供給:

	熱量	261
克	醣	41
克	蛋白質	17
克	脂肪	3
克	飽和脂肪	1
毫克	膽固醇	21
克	纖維	2
毫克	鹽	176
毫克	鉀	879

優: 維他命 D；維他命 B-6；維他命 B-12

良: 硫胺素；核黃素；

甜品類

木瓜紅棗糖水

Papaya Red Date Soup

木瓜清潤正氣，紅棗安神益胃，是別有風味的糖水，不妨一試。

12 片	薑片	12 片
6 杯	清水	1.5 公升
30 粒	紅棗，去核	30 粒
1/2杯	蜜糖	125 毫升
2 隻	紅肉木瓜	2 隻

1. 將薑片、紅棗、蜜糖加清水煮滾，文火煲約一小時。
2. 木瓜開邊去籽，挖成圓球狀或切成四方粒。
3. 糖水熄火。取出薑片。加入木瓜球/粒即成。冷熱進食均佳。

可供八人進食

紅棗去核法：

紅棗先用熱水浸至發大，洗淨，再以冷水略浸，便可輕易去核。

每一份量供給:

	熱量	112
克	醣	29
克	蛋白質	1
克	脂肪	微量
克	飽和脂肪	微量
毫克	膽固醇	0
克	纖維	2
毫克	鹽	4
毫克	鉀	271

優: 維他命 C

鮮甜芒果布丁

Fresh Mango Pudding

芒果布丁製作簡單，使芒果魅力發揮到極點。我們將原材料的鮮忌廉改為淡奶，減低脂肪量，仍不減其香濃美味。

2 小包	魚膠粉 (gelatin)	2 小包
3/4杯	糖	175 毫升
1 杯	熱水	250 毫升
3 杯	鮮芒果蓉	750 毫升
1 杯	2%淡奶 (evoporated milk)	20 毫升
8 塊	冰塊	8 塊
	青檸片（隨意）	
	新鮮芒果裝飾用（隨意）	

1. 將魚膠粉和糖加入熱水，攪至完全溶解。
2. 在大碗內將芒果蓉、淡奶及冰塊混和好。
3. 魚膠糖水倒入芒果溶液中，調和至冰塊溶解。
4. 將芒果魚膠溶液倒入模型冷卻定型，約3小時。
5. 上碟進食前，將模型放入熱水一拖，布丁即可輕易脫出，完整無缺。加入幾滴檸檬汁及幾片新鮮芒果片伴碟。（即日進食香味最佳）

供八人食用

每一份量供給:

	熱量	208
克	醣	49
克	蛋白質	5
克	脂肪	1
克	飽和脂肪	微量
毫克	膽固醇	3
克	纖維	4
毫克	鹽	42
毫克	鉀	345

優: 維他命 A；維他命 C

良: 纖維；維他命 E

荔枝果冰

Lychee Granita

（參看第90頁圖片）

荔枝果冰是另一款簡單的甜品。它成了我們試味組的明星級美點。罐頭荔枝味道與鮮果頗接近，可以代用。當然在荔枝成熟季節選用鮮果，效果會更好。

2 罐	19安士/540毫升荔枝	2 罐
3 湯匙	伏特加酒（隨意）	125 毫升
幾滴	檸汁調味	幾滴
2個	奇異果，去皮切片（隨意）	2 個
4 至 6 隻	草莓	4 至 6 隻

1. 以攪拌機將荔枝和荔枝汁打成液狀。
2. 再加伏特加酒及檸汁，調至合適的甜度。
3. 裝入有蓋玻璃器皿中，放入冰櫃。2小時後，打開蓋以叉將凍果冰調勻，以致達到冷凍一致的質感。如用雪糕機，可參看製凍果冰的程序照做。
4. 在進食前半小時，從冰櫃取出，放入雪櫃或較涼地方待其稍軟化，以裝新地 (sundae) 玻璃盤盛出，飾以奇異果、草莓片，賞心悅目。

可供四人以上食用

每一份量供給:

	熱量	108
克	醣	19
克	蛋白質	1
克	脂肪	微量
克	飽和脂肪	0
毫克	膽固醇	0
克	纖維	1
毫克	鹽	3
毫克	鉀	186

優: 維他命 C

薑汁蜜柑燉蛋

Gingered Mandarin Custard

這款滋潤甜品比一杯牛奶，含更多鈣質。改良了的食譜減少了蛋黃含量，比較容易消化吸收。

蜜柑糖漿：

1 罐	蜜柑，7.5安士/213毫升	1 罐
1/3杯	糖	75 毫升

燉蛋材料：

4 杯	去脂淡奶 (evaporated skim milk)	1 公升
6 片	薑片，略拍扁	6 片
1 湯匙	香草香料 (vanilla extract)	5 毫升
4 隻	大蛋	4 隻
8 隻	蛋白	8 隻
1 杯	糖	250 毫升

1. 焗爐開至華氏300度/攝氏150度預熱。
2. 用攪拌機將蜜柑和汁打成液狀，濾去果渣留用。
3. 將糖與果汁煮成糖漿狀。然後平均分倒入8個防熱碗中。
4. 將淡奶、薑片、香草香料煮滾，熄火等10分鐘後將薑片棄去。
5. 同時，將蛋、蛋白、糖打勻，使糖完全溶化。
6. 將淡奶慢慢注入蛋液內，拌勻，撇去面上泡沫。然後分別倒入裝有糖漿碗中。8隻碗放入深底焗盤。焗盤內注入熱水至碗高一半深，每個碗蓋上錫紙，焗1至1¼小時，以竹簽刺入碗中，如果沒有蛋液黏住，即成。
7. 取出待冷，或放進雪櫃隔一夜。
8. 進食前，用刀在碗邊劃一圈，反扣上碟，以橙片襯碟。

可供八人食用

每一份量供給:

	熱量	295
克	醣	52
克	蛋白質	16
克	脂肪	3
克	飽和脂肪	1
毫克	膽固醇	111
克	纖維	微量
毫克	鹽	235
毫克	鉀	549

優: 鈣，維他命D，核黃素，維他命 B-12

良: 鋅

傳統式朱古力布丁

Classic Chocolate Mousse

每一個好廚師都有類似這款甜品的製法。

幾年來，我沿用各種健心菜譜，以這款甜品的低脂肪，低熱量最令人留下深刻印象。記住要有充份時間將酸乳酪多餘的水份濾出。

2 杯	低脂肪酸乳酪 (low fat yogurt)	500 毫升
2 安士	黑朱古力 (dark chocolate)	60 克
2 茶匙	魚膠粉 (plain gelatin)	10 毫升
3/4 杯	蛋白	175 毫升
1/2 杯	白糖	125 毫升
1/2 杯	可可粉 (cocoa powder)	125 毫升

1. 將酸乳酪包入芝士布內，掛入雪櫃，下面放置一碗，承接濾出的水分。
2. 用2湯匙/25毫升水浸魚膠粉。隔水燉溶黑朱古力及魚膠液。
3. 同時將蛋白打到起泡，逐漸加入白糖繼續打到發起。
4. 在調理盤 (mixing bowl)裡，將去水酸乳酪加入黑朱古力/魚膠液裡。
5. 再將可可粉篩入黑朱古力/酸乳酪料內。
6. 最後將蛋白糖漿輕手捲勻入混合料內，倒入高身玻璃酒杯內。
7. 放入雪櫃，最少冷凍四小時，方才奉客。

可供六人食用

每一份量供給:

	熱量	157
克	醣	26
克	蛋白質	9
克	脂肪	4
克	飽和脂肪	2
毫克	膽固醇	4
克	纖維	2
毫克	鹽	90
毫克	鉀	301

良: 核黃素：維他命 B-12

焗杯仔果糕

Muffins! Muffins! Muffins!

1 1/4 杯	麥皮 (oat bran)	300 毫升
1/2 杯	黃糖	125 毫升
1杯加1湯匙	製糕餅麵粉 (pastry flour)	265 毫升
1 湯匙	發粉 (baking powder)	15 毫升
1 茶匙	玉桂粉 (cinnamon powder)	5 毫升
3 隻	蛋白，打散	3 隻
2 湯匙	植物油	25 毫升
3/4 杯	蘋果汁	175 毫升
1 杯	葡萄乾（浸入蘋果汁內）	250 毫升

1. 預熱焗爐至華氏350度/攝氏180度。
2. 在一大碗，將麥皮、黃糖、麵粉、發粉、玉桂粉拌調均勻。
3. 加入浸發大的葡萄乾。
4. 另一碗，將蘋果汁，蛋白及植物油調勻
5. 將液汁料拌入乾粉料，輕輕攪拌均勻。
6. 拌勻後，分別倒入十二個焗盤糕杯內。
7. 放入焗爐焗廿五分鐘即成。

可供十二人食用

烤果糕種類：

只要將下列材料替換了葡萄乾和蘋果汁，即可得各種不同果糕。

- 焗橙糕 (Orange Muffins)
  1杯/250毫升橙肉，1湯匙/15毫升橙外皮茸，3/4杯/175毫升橙汁。
- 焗紅酸莓香蕉糕 (Cranberry Banana Muffins)
  3/4杯/175毫升紅酸莓碎，3/4杯/175紅酸莓汁，2條熟香蕉蓉。
- 焗蘋果棗子糕 (Apple and Date Muffins)
  1杯/250毫升去皮蘋果粒，1杯/250毫升浸軟去子棗子，切碎，3/4杯/175毫升蘋果汁。

每一份量供給：

	熱量	162
克	醣	35
克	蛋白質	4
克	脂肪	3
克	飽和脂肪	微量
毫克	膽固醇	0
克	纖維	3
毫克	鹽	140
毫克	鉀	232

良：硫胺素

農莊蘋果批

Farm Style Caramelized Apple Pie

窗檻上放滿待涼的蘋果批，是農村秋收的好景象。晚餐後品嚐母親手製的蘋果批，幾小時採摘的辛勞，一掃而空。蘋果批真是加拿大飲食不可或缺的一環。

9 磅	蘋果去皮去心（約16個）	4.5 公斤
2 杯	黃糖	500 毫升
1 茶匙	豆蔻粉 (nutmeg)	5 毫升
1 茶匙	香椒粉 (allspice)	5 毫升
2 茶匙	玉桂粉 (cinnamon)	10 毫升
2 湯匙	粟粉	25 毫升
1/4杯	清水	50 毫升
1 款	甜批麵團 (第133頁)	1 款

1. 預熱焗爐至華氏350度/攝氏180度。
2. 將蘋果片、黃糖、豆蔻粉、香椒粉、玉桂粉放入盤內，調拌均勻。
3. 調好的材料倒入煲內，慢火煮滾，約煮5分鐘至糖起膠。
4. 在另一小碗將粟粉與清水調勻，倒入蘋果糖漿內，約煮1分鐘。離火待冷。
5. 將甜批麵團分成兩等份，搓成薄批皮。
6. 在10吋/25厘米的餅盤上，蓋上一層批皮。將冷凍的蘋果漿倒入，然後蓋上第二塊批皮，把兩層餅皮邊摺合。餅上端輕切幾處氣孔。
7. 約焗四十分鐘至金黃色即成。

可得一個蘋果批

甜批麵團 *Sweet Pie Dough*

1 1/2杯	製糕餅麵粉 (pastry flour)	375 毫升
1/3杯	白糖	75 毫升
3 湯匙	發粉 (baking powder)	45 毫升
1/2茶匙	鹽	2 毫升
1/2杯	脫脂 ricotta 芝士	125 毫升
3 湯匙	脫脂牛奶，凍藏 (skim milk)	45 毫升
1 隻	蛋白，凍藏	1 隻
2 湯匙	甜牛油粒 (sweet butter)，凍藏	25 毫升
1/2湯匙	香草精 (vanilla extract)	7 毫升

1. 在一大碗，將鹽、發粉、麵粉拌和一起。
2. 加入其他材料，調和，搓成一個餅皮麵團。
3. 放入雪櫃一小時，方可使用。

可製一個批餅皮

每一份量供給:

	熱量	599
克	醣	140
克	蛋白質	5
克	脂肪	6
克	飽和脂肪	3
毫克	膽固醇	13
克	纖維	10
毫克	鹽	767
毫克	鉀	762

優: 纖維

良: 維他命 C

三層草莓酥餅

Three-Tiered Strawberry Short Cake

避暑農莊草莓成熟時，也是家母吩咐孩子們去採摘的歡樂時光。拿手的草莓酥餅做好了，孩子們的臉上、手上沾滿了甜膩膩的草莓醬。

專做給大人進食的酥餅可在餅上灑上橙味餐酒，然後再加草莓片，增加香味。

酥餅材料：

	植物油噴劑	
2 3/4 杯	製糕餅麵粉 (pastry flour)	675 毫升
1 湯匙	發粉 (baking powder)	15 毫升
1/2 杯	低脂肪 ricotta芝士	125 毫升
2 隻	蛋	2 隻
1/2 杯	砂糖	125 毫升
1/2 杯	脫脂牛奶 (skim milk)	125 毫升

發泡脫脂奶材料：

1 1/2 杯	脫脂淡奶 (evaporated skim milk)	375 毫升
1/2 杯	砂糖	125 毫升
1 茶匙	雲尼拉香草精 (vanilla extract)	5 毫升
2 茶匙	魚膠粉 (gelatin)	10 毫升
1/4 杯	冷水	50 毫升
6 杯	草莓，切片	1.5 公升

1. 預熱焗爐至華氏350度/攝氏180度。在焗餅盤上輕噴上一層植物油。
2. 在調理盤 (mixing bowl)中，將發粉與麵粉篩好混和在一起。
3. 加入 ricotta芝士，揉在一起。
4. 另一碗中，將雞蛋、糖與牛奶拌勻。
5. 將蛋糖奶倒入芝士粉裡，以手揉成一麵粉團。
6. 在麵板上灑上乾麵粉，用麵桿將麵團推開成厚度為3/4吋/2厘米的大麵餅。
7. 用餅印切出 6個 直徑為 3吋/8厘米的小麵餅出來。
8. 將 6個小麵餅排上焗盤，放入焗爐，焗十五分鐘。
9. 由焗爐取出 6個酥餅，放在架上，攤凍備用。
10. 此外，將脫脂牛奶打至輕而起泡。
11. 加入糖及香草精，留用。
12. 在細煲裡，以清水浸軟魚膠粉。
13. 以中火煮溶魚膠，待冷，倒入打發牛奶糖液，繼續打至濃度一致（形似發泡鮮忌廉）。
14. 放入雪櫃冷藏，卅分鐘後取出，再打發一次，可免發泡裂開。
15. 發泡奶要冷藏3小時以上。
16. 六個攤凍酥餅，每一個橫面切出三層薄圓餅。
17. 一層在底，上加2湯匙/25毫升發泡牛奶。
18. 將1/4杯/50毫升草莓片分放在發泡牛奶上。
19. 上面加上第二層餅，再加同一份量草莓片在上。
20. 最後，放上第三層餅，上放1/2杯/125毫升草莓片上餅面，再加2湯匙/25毫升發泡牛奶。重複做完全部酥餅，即可進食。

可供六人食用

每一份量供給:

	熱量	472
克	醣	93
克	蛋白質	16
克	脂肪	4
克	飽和脂肪	2
毫克	膽固醇	72
克	纖維	3
毫克	鹽	390
毫克	鉀	629

優: 維他命 D；維他命 C；硫胺素；核黃素；鈣

良: 維他命 B-6；葉酸；維他命 B-12

精裝朱古力漿蛋糕

Deluxe Chocolate Fudge Cake

既要香滑可口，又要符合健心原則，製朱古力蛋糕是大考驗，試味組同事雖紛紛報以贊同仍令我擔心不已。是小兒子的熱烈回應，方使我寬心不少。孩子對朱古力的判斷一定不會錯的。

做傳統的朱古力糕面糖漿，用較少量水份，塗上又鬆又軟的蛋糕時，要格外小心，

	植物油噴劑	
2 杯	砂糖	500 毫升
1 杯	製糕餅麵粉 (pastry flour)	250 毫升
3/4 杯	可可粉 (cocoa powder)	175 毫升
2 茶匙	發粉 (baking powder)	10 毫升
1 茶匙	蘇打粉 (baking soda)	5 毫升
2 隻	雞蛋、蛋黃蛋白分開	2 隻
2 隻	蛋白	2 隻
3/4 杯	淨低脂肪酸乳酪 (low fat yogurt)	175 毫升
1/2 杯	清水	125 毫升
1 茶匙	雲尼拉香草精 (vanilla extract)	5 毫升

1. 預熱焗爐至華氏350度/攝氏180度。
2. 準備一個蛋糕盤10吋/25厘米，輕噴上植物油，灑上少許麵粉。
3. 在調理盤 (mixing bowl)內，將一杯半/375毫升的糖，與可可粉、發粉及麵粉混和在一起。
4. 將二隻蛋黃加入糖粉中，打散調和均勻。成朱古力混合材料。
5. 在另一碗中，將四隻蛋白打至起泡。加入餘下半杯/125毫升白糖，繼續打至發泡結形為止。
6. 輕手將朱古力混合材料捲入蛋白糖泡裡。
7. 隨手倒入準備好的蛋糕盤裡，焗四十分鐘即可。

可供八人食用

每一份量連糕面糖漿供給：

	熱量	455
克	醣	107
克	蛋白質	8
克	脂肪	4
克	飽和脂肪	2
毫克	膽固醇	48
克	纖維	8
毫克	鹽	332
毫克	鉀	392

良：核黃素；鋅

熱朱古力糕面糖漿 Hot Chocolate Icing

2杯	糖粉 (icing sugar)	500毫升
1杯	可可粉 (cocoa powder)	250毫升
1/2 杯	清水	125毫升

1. 將糖粉與可可粉混和一起。加入清水，調拌均勻軟滑。
2. 塗上蛋糕前，將朱古力糖漿放入微波爐熱溶。
3. 每八分之一蛋糕面塗上約3湯匙/45毫升糖漿。可夠做一個蛋糕。

索引
Index

調味廚櫃

上湯類

醬料

湯羹類

小食類

海鮮類

雞禽類

肉類

豆腐類

素菜類

甜品類